特种保镖护卫格斗术

王红辉　车　静　编著

人民体育出版社

图书在版编目(CIP)数据

特种保镖护卫格斗术 / 王红辉，车静编著. - 北京：人民体育出版社，2016

ISBN 978-7-5009-4967-1

Ⅰ.①特… Ⅱ.①王… ②车… Ⅲ.①保镖-格斗 Ⅳ.①G852.4

中国版本图书馆 CIP 数据核字（2016）第 072519 号

*

人民体育出版社出版发行

三河兴达印务有限公司印刷

新 华 书 店 经 销

*

850×1168 32 开本 9 印张 200 千字

2016 年 12 月第 1 版 2016 年 12 月第 1 次印刷

印数：1— 5,000 册

*

ISBN 978-7-5009-4967-1

定价：22.00 元

社址：北京市东城区体育馆路 8 号（天坛公园东门）

电话：67151482（发行部） 邮编：100061

传真：67151483 邮购：67118491

网址：www.sportspublish.com

前 言

随着当今经济和社会的发展，保安业已经成为社会经济发展中的朝阳产业，其拥有着广阔的发展前景。但保安业是一个高风险职业，在工作中极易受到不法分子的侵害。据统计，2001 年至 2008 年仅中国就有 31300 多名保安人员负伤、300 多名保安员牺牲。因此，安保人员需要具备应对暴力侵害以及制止犯罪活动所需要的防卫知识和技能，从而防范、制止和控制暴力违法犯罪活动，确保自身安全，履行岗位职责。

如今，雇主在招聘保安尤其是招聘随身保镖时，主要看应聘者的格斗能力。如果格斗能力不行，很难从事这个行业。随身保镖是个高收入行业，一些顶级功夫高手纷纷加入保镖队伍。2006 年美国功夫杂志《黑带》及自卫术专家利托·安哥拉斯评选了世界 20 位街头格斗家，其中第一位特里·奥尼尔、第三位杰夫·汤普森、第四位斯坦·彼德里克、第五位彼德·卡斯特帝尼（曾为贝克汉姆等人担任安保工作）、第七位丹尼斯·马丁、第九位大卫·布里吉、第十三位李·默里森等人都是著名的保镖。排名第十五位的 J·凯利·麦康纳是 “排险基地”（又称“严峻考验”公司）的执行总裁，负责保安服务和高级保镖服务的培训。

保安业蓬勃发展，保镖格斗术也日益流行。很多传授保镖格斗术的组织应运而生，很多安保格斗专家也趁势著书立说，介绍实用的自卫格斗术。

为了满足国内自卫术爱好者练习和了解保镖格斗术的要求与热情，我们编写了此书。本书介绍的防卫术是在大量现实生活实践的基础上得出的结果。它荟萃了世界各国的总统保镖、安全护卫专家、著名随身保镖的防卫术精华，是作者多年研修防卫术的心得体会。

本书的第一章介绍了保安业的起源与发展、国内外保安业的有关情况、保安专业技能、各国总统保镖的训练要诀和护卫技能等。第二章介绍了随身保镖进行驻地护卫、随车护卫、现场护卫的方法。第三章指导民众如何及时发现涉恐嫌疑迹象，在面对恐怖袭击时采取正确措施规避危险，掌握紧急情况下的救护知识，以最大限度地降低危害程度。第四章介绍了保镖徒手格斗、地上作战和缴械技术。徒手格斗部分就是学习在站立状态下赤手空拳快速制服歹徒。徒手战斗训练着重于耐力、爆发力、灵敏度的开发，使格斗者经常能做出连续性强、隐蔽性高的攻击动作。地上格斗包括如何投摔对手和如何在地面通过简单实用的体位变换制服对手。缴械技术主要介绍徒手抵抗持有刀枪棍棒的对手。第四章第四节主要介绍了利用警棍、喷雾剂、电击枪、手电进行格斗。第五章介绍了世界上一些顶级护卫专家的防身技巧。此教程能帮你解决所有防身难题。

对于这些技术，你可以根据自己的工作需要系统学习、全面掌握，也可有针对性或应急性地选学部分内容。本书的出发点虽然是维护保镖及其护卫对象的安全，但对于普通民众，也具有借鉴意义。

本书既可以给有一定格斗能力的人提供独特的学习原则，以提高他们已有的智能、体能和技能，也可以给初学者提供一个高效速成的训练方法，使他们从一名菜鸟迅速成长为一名自卫格斗的好手。

目　录

第一章　保镖工作概述

第一节　特种保镖工作的概念与特点

一、特种保镖工作的概念

特种保镖工作，是为了预防和制止恐怖组织或敌对分子针对护卫对象（国家首脑、政府官员；国际组织机构官员；商业巨头；国内外著名学者、体育明星、影视歌星、社会各界知名人士）、保护目标和重大活动实施的阴谋袭击、破坏活动而采取的一项具有特殊性质的保卫活动。

二、特种保镖工作的特点

1. 适应护卫对象

特种保镖直接为护卫对象的安全提供服务，因此，特种保镖工作必须适应护卫对象的需要，积极主动地为护卫对象的安全创造良好的环境和便利的条件。特种保镖工作这种从属性，并不排除安保部门在特殊情况下行使“否决权”。在确实有安全隐患的情况下，安保部门有权建议取消或变更护卫对象的预定活动，或者采取一些较为特殊的安全措施，以确保万无一失。如条件允许，采取上述措施时，应先与主办单位或接待部门通报协商，并征得护卫对象本人的同意。

在美国，总统保镖照样可以根据安全保卫的需要改变活动安排。有一次，一位外国领导人访问美国并应邀参观纽约大都会艺术博物馆。按照美国白宫典礼局同博物馆馆长事先的商定，主宾将从宽敞豪华的正门进入博物馆，这样好纵观博物馆的全貌。保镖们通过现场勘察，认为主宾从博物馆大门前的台阶逐级而上，暴露在户外的时间太长，很不安全，就否定了原计划，改为从一个小旁门进去，因为从这里下车，一步就可以跨进室内。

2. 预防为主

特种保镖工作有句格言，叫做“听到枪响，就意味着保镖的失职”，讲的就是特种保镖工作的预防性。这是因为护卫对象都是重要人物，一旦遭遇不测，就会带来无法估量和难以挽回的损失。为了防患于未然，这就要求保镖要防范在前，通过周密的安排、检查，可以最大限度地将各种可能出现的危险降到最低，避免可能会发生的事情，或是在危险来临的时候将危险有效地化解掉，这才是特种保镖所要学习和掌握的一种技能。

美国总统保镖在保护总统出行或者出席活动时，特勤局会事先派出特工对所要达到的目的地以及沿途进行周密的地形勘察，然后根据地形的情况制定最安全的行车路线以及需要执行的安保任务。同时，保镖还会对沿途的制高点进行有效的控制，以避免有可疑人员或者敌人提前埋伏在里面对总统的安全构成威胁。

3. 随时战斗

国内外敌对分子对护卫对象的阴谋暗害、破坏活动，在什么时间、什么地点发生，采用何种手段等，在许多情况下都是无法预知的。因此，安保部门必须始终保持高度的警惕性，时刻戒备防范，充分做好应付各种突然事件的准备，随时随地准备化解敌对分子的暴力袭击和破坏，这是特种保镖工作战斗性的主要表现。特种保镖工作的这种战斗性，体现在护卫工作的实施过程中，主要表现是，一旦遇有恐怖分子的武装袭击，特种保镖必须快速反应，以保护护卫对象的安全为中心任务。

美国法律规定，保镖的职责就是对护卫对象的安全负责。所以，保镖必须让自己的双手无论如何都处于临战状态，绝不会做任何妨碍这种状态的事情。如果遇到大雨，保镖们宁可让总统淋雨，也不会去为他撑伞。总统夫人在接受群众鲜花时，即使她两手不方便，保镖们也不会帮她拿鲜花。当总统身处人群中时，保镖会根据事先确定的警戒范围注意周围动向。他们的目光如鹰般犀利，谁的手放在口袋里，谁的目光不正常，谁的情绪起伏，谁做了一个意外的手势等这些细节都逃不脱他们的视线。一旦有人企图袭击总统，保镖会迅速出击，制服不法分子。

4. 各方协调合作

特种保镖工作是一项严密、细致的组织协调工作。从调查了解情况，制订护卫方案、应急预案，到部署工作，落实各项安全措施，都需要对有关安保部门和全体执勤人员进行精心组织，密切协调；对主办单位、接待服务以及相关的各部门，要及时通报情况，进行必要的工作部署，为特种保镖工作提供良好环境；遇有重大护卫任务，还需要公安机关的通力配合与支持。因此，仅凭安保部门单枪匹马很难完成任务，必须加强组织协调，分工合作、密切配合、整体作战。

美国总统外出时，除了特勤局特工在总统周围布设的层层“人盾”外，场外还有反狙击手特工、制服特警和应急团队随行，而一旦发生什么意外，刺客可能会打出第一枪，但是周围那些反狙击手是绝不会让刺客再打出第二枪的，因为除了现场的特工外，还有很多专用无线电频道对现场实施着监控，一旦现场发现了什么异常的人或事，监控的特工就会及时将这一信息通报给现场的那些特工。

第二节　保安的起源与发展

追溯人类的起源，保安有着很长的历史记载。原始社会，当人们还在洞穴居住时，人们想了许多安全的方法以防其他部落和野兽对自己的侵害。他们沿着悬岩峭壁生活。他们将大石块或者火堆放置在洞口来保护自己。史前普韦部落的印第安人，他们住在现在的科罗拉多（美国西部一个州），只有用梯子才能进入他们的居住地。早期的另一个办法就是将房屋搭建在湖中，如果要进入居住地的话，一定需要乘船或利用吊桥进入，这样做使进犯者很难进入。事实上这些保护措施都属于物防的范畴。今天，物防如篱笆、墙、水还在应用。

早期的另一种安全防卫方法是居住到受保护的区域内，在那里安全保卫的责任由大家分担，这种方法促进了大家的团结与协作，有组织的保护就此开始。

随着农业和饲养业技术的发展，安全保卫的需求不断增加。当土地变成有价值的东西后，安全和社会秩序在保持良好的经济环境中变得十分重要。当政治文明和经济文明有了进步的时候，对于安全保卫的需要也随之增长。

16 世纪初，随着社会的发展和贫富分化的加剧，社会治安较差，英国一些经商者为了保护身体及财产安全，组织了巡逻队伍，保护自己、看守商铺和仓库，这就是保安公司的雏形。18 世纪末期，英国创建了许多专业的保安组织，现代保安服务业逐渐形成。英国保安业分为专有制和合同制两类。专有制保安是由单位雇用和招用的单位内部安全人员；合同制保安是专门为私人提供安全服务的个人或公司，安全服务的范围和内容根据双方签订的合同约定。

世界上很多国家的法律和习俗是来源于英格兰的。同样，警察改革和安全保卫技术与方法也是从英格兰移植到世界许多国家的。

近代世界最早的一家保安公司是美国的平克顿侦察社，它创建于 1850 年，现称平克顿保安公司。1850 年，美国的产业工人已达近百万人，经济发展迅速，人口数量暴增，财富大量聚集，贫富分化加剧，同时抢劫、偷盗等犯罪活动也日益猖獗，而国家警察无法为这些富人提供随时随地的保护，于是，世界近代史上第一家民间的保安组织——平克顿侦察社应运而生了。

继美国之后，英国、法国、意大利、西班牙、比利时、德国、新加坡、日本等 30 多个国家和地区都相继成立和发展了私人保安公司业务，就连地域较小的中国香港如今私人保安公司也有数十家。中国台湾自 1978 年中兴保安股份有限公司创建以来，保安公司目前也发展到了 30 多家。现在，保安业已经成长为预防犯罪、预防损失、维护社会公共安全的重要保障力量。

近几年来，为提高各国民间保安公司的业务水平、加强彼此之间的业务交流，一些国家还联合起来成立了国际保安联盟，它是以一个国家一个代表组织而成立的，目前已有 19 个国家加入了这个联盟。

2011 年 7 月 6 日，日内瓦高级国际关系学院发布的一项军火调查结果显示，全球私营安保公司雇佣私人保安人员基本超过 2000 万，规模已超过全球警察部队的总和。

“政府规模缩小以及公共安全机构缩编的全球趋势是私营安保行业快速发展的主要原因，”日内瓦高级国际关系学院发布调查报告说，“私营机构在公共安全领域所获得的份额正在增加，无论是在监狱、机场、边境，还是街道。”

报告调查统计发现，全球私人保安人员总计 1950 万人至 2550 万人。“20 世纪 80 年代中期以来，私人安保行业发展迅猛，总规模已超出警察队伍。”

按地区计，中美洲和南美洲的私人安保行业“膨胀”最快。以危地马拉为例，现阶段共有警员 19974 人，而私人保安数量达 12 万人。

发展中国家中，印度和中国的私人安保规模与警察队伍悬殊较大。印度私人保安和警察总数分别是 700 万和 140 万，中国的这两个数字分别为 500 万和 270 万。

美国现有私人保安 200 万人，是警员队伍规模的两倍有余。

调查统计同时发现，全球保安登记持有枪械火器 170 万至 370 万件。在非冲突地区，中美洲和南美洲的私人保安装备“最猛”，保安“武装率”是欧美地区的 10 倍左右。

第三节　国内外保安服务业现状

一、英国保安服务业

英国的保安业具有悠久的历史，16 世纪初，城市化和贫富分化加剧使英国的社会治安混乱，盗抢活动猖獗。为了保护人身及财产安全，富人雇人看家护院、商户聘用专门人员看守商店和仓库。到了 18 世纪末期，英国工业革命的蓬勃发展，使偷窃、抢夺等社会问题日益突出，但政府无力采取积极有效的措施进行遏制。于是，人们就联合起来进行自卫，筹建了许多专业的保安组织。

英国的保安服务业发展较早，服务领域广泛，管理比较规范，职业化程度较高。英国保安业的从业人员约 30 万人，拥有近 20 亿英镑的市场。全英有报警装置安装公司 7000 余家，安全护卫公司数千家。英国的保安服务业功能较多的是著名的“GROUP4”。1993 年，“GROUP4”被英国内政部指定为可以承包管理监狱并为法庭提供保安服务的私人保安公司。

二、美国保安服务业

美国在 1850 年成立了第一家保安公司性质的侦探社——平克顿侦探社，它可以说是现代保安服务业的雏形和发展的起点。当时，由于犯罪数量上升，社会公众安全感下降，警力严重不足，美国的保安服务业应运而生。平克顿私人侦探社主要为铁路系统提供安全和犯罪调查服务。两年以后，平克顿开始向铁路系统的货场和工商企业提供私人护卫服务。

美国现代化保安服务业的快速发展始于20世纪40年代的经济复苏时期。由于经济和科技高速发展，保安服务运用现代保安技术不断扩大服务范围、拓展服务领域、提高服务质量，取得了世界领先的地位。目前，全美国共有大大小小的保安公司4万余家，保安从业人员210万人，比美国联邦、州及地方司法人员多50万。美国社会各界每年花费在保安方面的支出约为520亿美元，而政府的警务开支仅有300亿美元。美国的保安公司无论从人力、财力还是物力上均高于美国的警察部门，美国保安公司在海外的30多个国家建有数千个海外分公司。

美国保安分工业保安和商业保安两大类。前者指工业生产企业自建保安和国防机密信息保护保安，后者指私人投资设立的、保安公司提供的商业有偿安全防范服务，包括护卫业务、商业调查与保险调查业务等。保安立法以州立法为主，实行企业执照注册管理，对商业保安和工商企业内部专有制保安人员也实行注册管理。同时，保安企业和保安协会的高、中层管理人员大多来自退休的高、中级警察或者校级以上的退伍军人，或者是在政府中担任过高级职务的安全官员。

三、俄罗斯的私人保安业

俄罗斯保安业起步较晚，1992年，莫斯科颁发了第一家保安公司的营业执照。1993年至1998年，私人保安公司的数量迅猛增长，到2003年大约已有1.5万家。随着国家政治体制、经济体制的改革，俄罗斯的保安业发展十分迅速。目前，全国登记在册的私人保镖共有30万人，他们手里有十多万件武器，至于没有登记注册的“非法保镖”就不计其数了。

四、以色列保安

自 1948 年建国之日起，以色列与恐怖主义的战争就从未间断过。苦难的历史和动荡的现实使以色列“久病成医”，以色列保安的专业知识和实战技能享誉全球，已经涉足国民经济的各个领域，它们不论在保安业的开拓上，还是在保安的理论研究上都是非常杰出的。以色列保安业发展迅速，行业规模大。以色列人口不过 710 多万，其中警察 2.5 万人，保安公司却在很短时间内迅速增加到了 370 多家，全国约有 10 万名保安从业人员。以色列的私人保安业务更是遍及全球，世界各地的政界名流、文体明星、商贾富豪都乐于出高价雇佣以色列私人保镖。

五、法国保安业

法国是最早出现保安人员的国家之一。法国当今社会的保安活动始于古罗马的夜间警戒治安员时代。此后，法国保安业不断发展，如今已经成为比较成熟的行业，是当代社会经济生活中不可或缺的重要组成部分。根据法国官方公布的数据，2010 年法国保安行业共有经营企业约 5000 家，从业人数约 16.5 万人，总营业额为 50 多亿欧元。目前，法国从事保安活动的企业 98%是拥有 1 至 500 名雇员的中小企业，拥有 500 名雇员的企业有 30 多家，拥有 2000 名以上雇员的大企业只有 10 家。此外，还有 5500 名独立工作者。

六、德国保安服务业

德国的保安业具有悠久的历史，1901 年 6 月 15 日，德国第一家私人保安公司在汉诺威成立。当时，由于治安混乱，警察应对能力低下，德国的保安服务业得到了快速发展。1933年，一些地方性私营保安公司联合成私营保安协会，给保安人员提供更多的福利。1937年，企业保安人员改名为企业警察。第二次世界大战后，私营性企业警察的业务范围不断扩大，例如，保护企业安全生产、预防事故、监视职工和外来人偷盗物品等工作都被列入企业警察的业务范围。后来，德国通过制定《保安业法》，对保安服务及保安员的权限做出了明确规定。德国的保安服务业服务范围较广，主要有企业保安服务、大楼保安服务、公共交通工具的保安服务、机场保安服务、大型活动保安服务、银行证券守护押运服务、建设工程的保安服务、军事基地外围保安服务、个人随身保镖服务等。此外。德国的保安服务业中，从事金融押运的保安员、军事基地外围的保安员、原子能机构的保安员及个人保镖等均可在工作时间内依法持有枪械。德国的保安服务市场不仅对国内州与州之间开放，而且对欧盟和非欧盟国家及地区开放，因而保安服务业的竞争比较激烈，保安服务水平较高。近年来，德国的保安员队伍在维护社会治安、服务经济发展等方面发挥着日益重要的作用。

七、日本保安服务业

日本保安服务业起步较晚，但其业务范围十分广泛。它是一支既服务于官方，又服务于上层阶级，同时也服务于民间的安全防范力量。日本的保安公司创建之初，社会认知度较低，在保安公司承担了1964年东京奥运会的部分安保任务及1970年大阪万国博览会的会场安保任务之后，保安服务业得到了社会的认可。半官方性质的日本警备保障株式会社成立于1962年，全国有300余所分支机构，拥有专职保安从业人员6000

余人，客户5.5万余家，在全国的大中城市设置有210个“报警监视中心”、371个紧急出动站。全国已经注册的私人保安公司4000余家，从业人员18.8万人。在私人保安公司中最著名的是西科姆保安公司，它拥有雇员8000余人，为世界各地14万个客户提供服务。日本通过制定《保安业法》，加强了对保安服务业的监督。保安公司的业务范围包括设施保安、机场保安、交通疏导保安、人群控制保安、贵重物品运送保安、人身安全保安、安全技术防范、紧急报警服务等。

八、中国保安服务业

早在1400多年前的南北朝（公元420年—公元589年）末期，强盗、草寇横行，乡间行路极为危险，一些富翁商贾长途运送财物时，为了安全起见，大多雇请一些会武功的人护送。这种押运活动都是自发性的个体行为，还没有达到一定的规模，也未形成行业组织。这是中国保安服务业的萌芽。

明清时期，社会经济进一步发展，经济交往频繁，在社会动荡、治安秩序混乱的情况下，偷盗、抢夺、劫杀等事件屡见不鲜，安全护卫的需求不断增加，一种专门提供有偿安全护卫的“镖局”（亦称“镖行”）应运而生。这些“镖局”雇佣一定数量武功高超的人士，为商贾富豪押运贵重物品或保护其人身安全。清朝末期，我国各大城市中的镖局、镖行，无论其从业人员规模、所开设的业务范围还是工作效益，都远远超过了当时刚创立的国家警察机构。这是我国保安服务业的雏形。清朝的中国镖行，名士辈出、高手众多。其中比较著名的镖局有兴隆镖局、会友镖局、成兴镖局等。

做镖局生意要有三硬：一是在官府有硬后台；二是在绿林有硬关系；三是自身有硬功夫，三者缺一不可。

新中国成立后，随着私有制经济的改造和人民公安工作的加强，社会治安秩序逐渐趋于稳定，“镖局”因为没有生存空间而退出了历史舞台。

尽管我国古代保安服务的形式出现较早，“镖局”“镖行”也具有悠久的历史，但直到改革开放前，我国并没有形成现代意义上的保安服务业。

我国现代意义上的保安服务业产生于20世纪80年代改革开放初期。1984年12月18日，我国内地第一家保安公司——蛇口区保安服务公司在广东省深圳市成立，公司有偿地为企业提供护卫、巡逻、押运等各种保安服务。这一新生事物很快得到有关方面的肯定和支持。一个月后，全国政法工作会议召开。会议充分肯定了蛇口区成立保安服务公司的做法，明确指出:“借鉴国外经验，在大中城市创办保安服务公司，承担大型营业性展览、展销和文体活动，及外商独资、合资企业的保安业务，建立这样一个在公安部门直接领导下的服务公司，既能满足社会需要，有利于治安管理，又有利于解决警力不足的困难。”于是，1985年5月，广州市东山区保安服务公司宣告成立，各媒体对其作了广泛的宣传报导。不久，大连、厦门、北京、上海等20多个大城市也先后组建了保安服务公司。进入90年代，保安服务公司迅速发展，遍布全国各个大中城市。

2000年2月，公安部制定下发了《公安部关于保安服务公司规范管理的若干规定》，对保安服务公司的性质、经营范围和管理体制等做出了明确规定。同年3月，公安部在深圳召开了首次全国保安工作会议。进一步提出了规范保安服务业发展的“统一领导、统一审批、统一培训、统一经营、统一服装”的“五统一”原则，标志着我国保安服务业正逐步朝着专业化、规范化的方向发展。

2002 年以来，公安部先后会同有关部门在全国范围内开展了一系列清理非法保安组织、规范保安服务市场的专项整治工作，净化保安服务市场。与此同时，公安部把依法管理作为加强保安工作和保安队伍建设的根本，不断加强保安法制建设，先后制定了《保安培训机构管理办法》《保安押运公司管理暂行规定》《保安服务质量控制标准》《保安员培训大纲》，并会同有关部门颁发了《保安员国家职业标准（试行）》《保安学历（中专）教育教学指导方案》。尤其是国务院颁布的《保安服务管理条例》于 2010 年 1 月 1 日开始施行，对于规范我国保安服务业的管理、促进其发展，起到了划时代的重要作用。

我国保安服务业正处于快速发展时期，截至 2013 年 11 月 20 日，全国保安企业已达 3700 多家，保安队伍已有 450 万人，行业年产值保持着近 20%的增长速度。中国的保安服务业服务范围较广，主要为客户、单位提供门卫、巡逻、守护、押运、随身护卫、安全检查、安全咨询、评估等服务。近年来，中国的保安业发展迅速，已成为维护社会秩序和保持安全稳定的重要力量，在社会生活中起着越来越重要的作用。

第四节　保安的专业技能

一、守护

守护是指一名保安人员被安排在主要出入口、大门、房门、接待室和控制中心等具体岗位上，对服务单位进行看护和防护的服务形式。出入口管理是守护的首要任务。安排在那里的保安人员负责管理和记录人、车、财物进出。同时，他们负有防止暴力、控制财物被盗、承担保护的责任。

守护的目的在于维护服务单位正常的工作秩序，确保单位人身及财产安全。主要任务是：识别证件，阻止无关人员、车辆进入；登记进出人员和携带的物品、进出车辆和装载的物品，防止危险品、违禁品入内及服务单位物品被盗；对包裹炸弹、恐怖生物和其他危险品要进行安检；疏导出入口车辆和人员，确保出入口畅通有序；做好出入口安全防范工作；完成与雇主约定的相关任务。

守护的保安要遵守雇主和法律的规定。在上班期间，不得擅自离开岗位。遇有寻衅滋事的，保安员要马上制止，控制事态的发展。对人数较多难以控制或事态有可能扩大的，保安员要立即报告，并通知其他保安员到达现场，协助疏散围观群众，疏导交通，尽快恢复正常秩序。遇有闲散人员违反规定强行闯入或围堵出入口的，要耐心劝阻，对不听劝阻的，应通过关闭出入口等方式坚决制止并立即报告。要始终保持警惕，识破各种分散自己注意力、引诱自己离岗的诡计。遇有无证车辆欲通过出入口的，应告知其有关规章制度并予以制止；欲强行闯入的，应立即报告，并记下车型、车牌、颜色等特征。发现不法侵害行为时，要立即采取措施予以制止，在确保安全的情况下将嫌犯扭送服务单位或公安机关，同时做好现场保护工作。出入口发生火灾、爆炸等灾害事故的，应迅速报警，及时通知服务单位，同时采取必要措施防止事态扩大，疏散围观者，抢救伤员，并保护好现场。

二、巡逻

保安人员巡逻已经有许多年的历史了。这可追溯到 1829

年，当时伦敦的罗伯特·皮尔先生组织了大都市安保队伍，经常进行巡逻，其目的是为了预防、阻止和威慑违法犯罪，保障该地区内的人身、财产及有关目标的安全。

保安巡逻是保安人员在一定区域、地段和目标巡回观察的一种工作形式，常采用步巡、骑巡、车巡等方式开展区域巡逻。由于雇主要求保安巡逻的范围和保护目标不尽相同，所以保安巡逻的侧重点也有所不同。但从实践情况看，其具体任务一般包括以下几个方面：维护巡逻区域内和保护目标周围的正常的治安秩序；预防、发现、制止各种违法犯罪行为；及时发现各种可疑情况，抓获现行违法犯罪嫌疑人；检查、发现安全方面的漏洞；对已经发生的不法侵害案件或灾害事故，应及时报告公安机关或有关部门并保护好现场。

保安在进行区域巡逻时，要按照区域巡逻方案的内容和程序进行，并填写巡逻记录和交接班记录。

保安员在执行区域巡逻过程中，要注意异常气味、异常的物品、异常的人和异常的声音。异常的气味包括烟味、汽油味、臭鸡蛋味等。异常物品主要包括无人在旁的贵重物品、无人认领的包裹箱子、疑似爆炸物品的装置、带血的衣服、带血的刀具等。异常的人主要包括在不该有人的时间、地点出现的人，呻吟、惊叫、呼救的人，紧张的人，心事重重的人，穿肥大衣服的人，携带物品可疑的人，驾驶交通工具与身份不符的人，公众场合横地不动的人，行进中突然倒地不起的人，以及独自哭泣的小孩或有大人拉拽却坚决不随从的小孩等。异常的声音包括发出爆裂声、爆炸声、禁止燃放烟花爆竹区域的鞭炮声、枪声、物品坠地声、绳索断裂声等异常声音。

保安员在巡逻时发现异常情况，要及时进行仔细的巡视、检查，发现异常所在的具体位置及具体原因，采取必要措施及时解决所存在的问题，对于不能解决或无法解决的要立即报告服务单位，有可能发生重大灾害事故的要马上报警。

三、押运

保安押运是保安公司依据与客户签订的保安服务合同，派出保安人员对客户单位指定的贵重物品随行护送警戒，确保物品安全到达目的地的一种保安业务活动。保安押运是保安服务的重要内容之一，也是确保客户单位财务安全的重要措施。

保安押运的对象主要是来源合法、可以移动的财物，特别是贵重物品或危险物品。通常包括钱币、有价证券、贵重金属、文物、机密资料、枪支、易燃易爆或剧毒放射性危险物品、价值昂贵的机器设备以及其他物品等。

保安押运的目的是确保押运对象安全抵达目的地，因此，从押运任务开始到押运对象被交付收货单位止，要做好每一个环节的工作。

押运任务的实施：保安人员必须保守用户机密，不得向任何人透露所押送的物品、行车路线等相关信息；在押运途中押运人员应坚守工作岗位，运行中注意观察，站停时认真巡视、看守，不得远离所押物资。特别是通过桥梁、隧道、港口以及车辆（船舶）减速时要保持警惕，密切观察周围动向，遇到危险情况应在险情排除后再通过，防止发生失误；车辆（船舶）临时停泊时应加强对物资的警戒，劝阻、制止闲杂人员接近所押车辆；对偷拿、哄抢、损害、盗窃押运物资的违法犯罪行为要予以制止并及时向就近车站和公安部门报告情况，做好现场保护，配合有关部门清点物资，做好登记工作；遇有违法犯罪分子侵害押运目标和自身安全受到威胁时，可使用配备的防卫器械或徒手进行正当防卫；运输途中押运人员要注意查看押运物品，检查物品有无移动、遗失，包装、铅封是否完好，发现问题应立即查明原因，做好检查登记，有异常情况及时报告；押运途中遇到物品中转、改换交通工具时，应立刻组织保安员进行站位、警戒，迅速对所押物品形成安全区域；押运人员需要吃饭、饮水、上厕所时，应轮流进行；所押车辆在运行中发生火灾、爆炸等重大情况时，应积极参加抢救，并主动向就近公安机关反映情况。物品抵达目的地后，押运人员仍要加强警戒，严密观察周围动态；在办理交接手续时，禁止无关人员接近物品；卸货时，押运人员进行站位、警戒，确保所押物品在安全区域内；押运人员与客户单位工作人员共同清点物品数目，检查包装状况，经双方确认无误后，共同在收货单据上签名盖章。

四、随身护卫

随身护卫是指保安根据合同约定对需要保护的对象进行警戒、保护，保证其人身及财产安全的一种保安服务活动。目前随身护卫的主要适用人群多为富人、影视明星、文体明星或其他有需要保护的人士。一般的保安服务，其勤务岗位都有确定的地点或区域。保安随身护卫服务则不同，它因完全取决于护卫对象各种各样的活动而使得服务地点、方法各不相同，从而增加了保安服务的复杂性和艰巨性。

保镖随身护卫的服务对象，由于身份特殊，社会知名度和社会关注度比较高，他们的出行和活动，往往受到媒体和不法分子的注意，容易引起群众围观、追逐、索要签名和歹徒的不法侵害，这就需要保镖根据护卫对象的情况，采取相应的安全措施和方法，为他们提供人身安全保障。

随身护卫服务的方法：根据保安服务合同，制订随身护卫方案，确定工作内容和具体要求；确定使用的通讯、交通工具和行驶路线；准确掌握护卫对象的动态活动时间；护卫对象安排有公共场所活动时，保安员要事先了解活动情况，确定行车路线、停车位置；控制接触护卫对象的人员范围，掌握好活动时间，及时提醒其转换地点；通过随身护卫，筑起一道安全屏障，使未经允许者无法靠近护卫对象及其工作、生活区域；敏锐观察和掌握周边动向，加强预测和保护；做好与安全有关的生活服务和医疗保健工作；了解护卫对象的活动情况、活动意图，与有关方面加强联系；遇有正在实施的针对护卫对象的突然袭击、滋扰等不法侵害时，应立即采取保护措施，制服不法分子，将护卫对象转移到安全地带，防止事态扩大。

五、秩序维护

秩序维护是指保安员为保持服务区域内正常的工作、生活有条有理，不出现混乱局面所提供的一系列服务活动。秩序维护是通过安全巡视、安全检查、报警监控、制止不法行为、疏散人群、防止人群骚乱等手段实现的。

秩序维护服务的内容：对所管辖的物业区域进行值勤监控、巡视来防盗、防破坏、防意外。做好物业服务消防工作，进行消防宣传教育，消防队伍建设，消防制度的制定，消防设施、器材的配置及管理，灾情发生后的处置措施等五个方面。进行道路交通管理，对物业服务区域内道路设施进行日常管理，对非法占用道路的行为进行纠正和处置。保证物业服务区域内交通安全、畅通，其重点是机动车辆管理，禁止乱停乱放和防止车辆丢失、损坏。对（库）场内的车位划分、行驶标志、进出停车场车辆、存放车辆的防损和防盗工作进行管理服务。在特定地点、区域等人群聚集场所维持秩序。

人群控制的任务主要是查验人员证件及携带物品，维持特定地点、区域、部位的治安秩序，威慑不法分子，保护重点部位和目标的安全，对聚集场所的人群进行疏导、分流、限制，防止拥挤、踩踏等事故发生，防止人群骚乱。

在美国，公民有《第一修正案》所赋予的权力去非暴力地表达他们的观点。然而，周期性的感情宣泄会发展成骚乱。有时一个突如其来的事件会引发骚乱，如警察逮捕有轻微违法的人员，或者一块石头扔入人群，这时候人群会变得狂怒起来。公民权利受到侵犯、公民伤亡和严重的财产损失等原因都会引起骚乱。警察不能完全地制止骚乱时，私人企业必须做好准备。

当保安在工作地碰到一大群人聚集时，还要设法制止人群情绪激动和产生侵犯行为。防止抗议行动有时候转瞬间变成了暴力行动。保安面对情绪激动的人群时还必须做好思想准备，应对人群可能采用的口头辱骂和各种形式的攻击。秩序维护的保安应能识别侵犯行为的征兆。诸如人站立着，将手放在臀部，眼睛直视对方的眼睛以及用手指碰人、推人和只言片语的言行等，均是即将爆发暴力行为的迹象。如果形势进一步发展，当事人做出深深吸一口气动作的话，保安应立即制止。

保安人员在处理群体性事件时要谨慎小心。在此提供一些建议：关注人们而不是事件；避开不必要的交谈；注意其他一些人的隐蔽动机；不要理睬试图操纵你的人；保持镇静；使用常识。

六、安全风险评估

安全风险评估是指保安员按照科学的程序和方法，对雇主指定的或者本单位的区域和目标可能受到侵袭、发生意外事故等安全风险进行全面系统的评估，并根据评估结果制订相应的安全防范方案的服务形式。

安全风险评估主要包括自然灾害和人为灾害的评估，涉及流行性传染病、火灾、地质灾害、安全生产事故、雪灾、化学事故、社会治安、诈骗事件、食品安全问题、煤气中毒、核事故、风灾、暴雨、洪涝、沙尘暴、常见多发病，等等。

通过风险评估，明确一个服务区域存在的潜在风险，对防范措施进行针对性改进，制订各种安保应急预案，并根据预案进行疏散、逃生救护等培训和演练。

第五节　保镖格斗技术的特点和作用

一、保镖格斗术的特点

1. 以擒为主，打摔结合

保镖格斗术讲究“打擒结合，打后必擒”。将不法分子擒获是保安员运用擒拿格斗技术的根本目的。保镖最常用的擒拿术是锁臂术、锁腕术、锁指术和头部控制技术。

控制、制服、擒获的标志是在歹徒不敢反抗或无法反抗的情况下将歹徒有效制服并将其顺利捆绑和安全押解到公安机关。

控制、制服、擒获的途径是以踢打摔拿技击方法为手段，对付打斗能力较弱或消极反抗者时，可直接使用擒拿法将其制服擒获；对付积极反抗者或拼死抵抗者时，直接使用擒拿技术是困难的，也很危险，此时可灵活或综合使用踢打摔拿诸种技击方法，在踢倒、打倒、摔倒的基础上将其控制、制服、擒获。

2. **高效速成，易学易用**

保镖格斗术朴实无华，没有固定的招数，擒拿格斗技术动作是按照高效速成、易学易用、效果显著的取舍标准确定的，对场地器材的要求也不高。通过训练，使保镖在意外情况下具有根据实际情况实施动作的能力，并能立即从被动转入到积极状态，适时合理地捕捉有利战机，保护自己。

3. **应变性强，运用广泛**

擒拿格斗技术丰富多彩，针对性强，选择余地大，用于应付保安可能遇到的近身格斗技术的各种情况。保镖格斗术与众不同之处是在相似的环境中进行格斗训练。受训者在各种场合学习应用擒拿格斗技术，包括陌生的、不利的环境。模拟训练时经常使受训者在巨大的体力、精神压力下使用擒拿格斗技术，使受训者以后在不同的地形、场所处于困境时，也会思维清晰地进行自我防护并给不法分子最有效的打击。

二、保镖格斗术的作用

1. **克敌制胜**

保安格斗术的目的不是用来欺压良善，也不是用来表演或作比赛竞技之用，“克敌制胜”是其首要的宗旨。当你遭受不法分子的侵袭时，你能凭借它化险为夷。实践已经证明，只要保安员熟练掌握了擒拿格斗技术，就能在对敌斗争中以最小的代价换取最大的胜利。

2. 提高战斗力

保安员长期进行擒拿格斗训练，不仅能全面掌握和长期保持使用防卫器械以及徒手擒拿格斗的技能，而且能增强保安员的体质，格斗训练能有效地改善保安各器官系统的机能，发展他们的身体基本活动能力、身体素质和运动能力，全面提高他们的素质，使保安员保持良好的体能和承受激烈打斗与对抗的能力，还能通过各种战术的训练，提高保安员整体协调配合能力。因此，擒拿格斗训练是提高保安员战斗力的最为重要的方法之一。

3. 培养优良意志品质和战斗作风

擒拿格斗训练能培养保安员英勇顽强、沉着机智、坚忍不拔的意志品质和不惧强手、奋力拼搏、服从命令的战斗作风。保安在进行擒拿格斗术训练后，可赋予他们一个具有绝对优势的思维，他们会获得对他们自己及他们的格斗能力的高度自信心。

第六节　元首保镖

一、技艺高超的各国元首保镖

1. 美国总统保镖

20世纪以前，美国总统并没有专职的保镖，原因是为其提供专门的人身保护与美国人的民主和平等原则相悖。在美国为总统配备专职保镖之前，先后有三位美国总统被暗杀。1865年，林肯总统被枪杀；1881年，加菲尔德总统被刺身亡；1901年，麦金莱总统被暗杀。鉴于美国总统是一个极其危险的职业，美国国会正式立法要求特勤局保护总统。

保镖也确实为保护美国总统的安全立下了汗马功劳。历史上，美国有11位总统遇刺，其中有7人是被保镖救下的。里根总统当年遭枪击，其保镖麦卡锡为他挡了一枪。

一个人想要成为一名合格的总统保镖，就得接受特勤局异常严格的选拔，最基本的条件是：必须是美国公民；21岁以上37岁以下；知名学院或者大学的本科学位，在犯罪调查或者其他执法机构具有不少于3年的工作经验；视力极佳；健康出色的体格；必须通过特工处的特别测试；必须接受祖宗三代审查，接受是否吸毒检验、医疗检查和心理测试。如果全都能通过，又完成了特工处训练学校的严格训练的话，那么你就可以持证上岗了。

作为美国最有权力的人物，总统享有最严密、最安全的保护。按照和总统距离的远近，总统保镖被划分成四种。第一种被称作“树后保镖”，负责远程监视，布置好沿途的安全工作。第二种则被叫做“窗下保镖”，他们会在总统的办公室、居所外进行戒备。第三种是“楼梯保镖”，他们一般负责室内的安全。第四种就是“贴身保镖”，总统到哪里，他们就要跟到哪里，和总统形影不离。

总统一次国内行程，大概会组成一支200到300人的队伍，而国外行程队伍可能多达600人。

2. 俄罗斯总统保镖

俄罗斯总统安全由总统安全局负责。总统安全局只执行总统的命令，下设有总统团，也就是人们通常所说的总统卫队。

总统安全局由总统直接领导，只执行总统的命令。按照俄罗斯的有关法律的规定，其任务是保卫总统及其家属，保卫政府总理，国家杜马、联邦委员会主席，最高法院、宪法法院和仲裁法院的院长。此外，该局还要负责保护前国家领导人的安全。另外，外国国家元首赴俄罗斯访问时，该局也要协同俄有关部门及警方完成安全护卫任务。

总统保镖拥有着令人羡慕的高薪，每年还享有30天假期。但是，要想进入这个特殊群体，必须经过层层筛选。首要条件是绝对忠于总统、为人正派、无刑事记录；其次，身高必须在1米8以上，年龄在20岁至35岁；他们必须身体强健、能吃苦耐劳、心理素质良好、反应灵敏、具有特长，并且工作作风细致缜密。再有，必须精通多种格斗术，能在恶劣环境下驾车，甚至应会识别各种毒药。

俄罗斯首脑选择贴身保镖的标准是不一样的。叶利钦选择保镖的标准是身强力壮，有酒量，能及时地给领导斟酒，喜欢打篮球和网球。普京挑选贴身保镖的条件是既要身体强壮又不能太引人注目，也就是说他要求这些人成为“隐身人”，行为越不起眼儿越好，甚至连相貌选择也要极为平常，不能太突出，这样才不至于“树大招风”。

俄罗斯总统保镖在随总统出行时总是穿着便装，随身携带两件东西：一是身藏9毫米手枪；二是他们手中提的“公文包”，它们实际上是折叠式防弹护板。当危险来临时，保镖将它们轻轻一抖动，就成了总统周身的一堵防护墙。俄罗斯总统出访时，共有四层保镖保护。第一层是总统的贴身保镖，通常是几名彪形大汉，他们戴着耳麦，手提可做装甲盾牌的公文包。这些人用身体掩护总统，凭借人多势众和刚猛的相貌震慑不法分子。第二层保护圈是混杂在人群中的便衣。他们像普通民众一样毫无特征，便于暗中行事——必要时甚至会对可疑分子进行身体接触，确定是否身藏武器。第三层保护圈是站在人群四周的保镖，他们阻截试图挤到总统身边的人。第四层保护圈距总统最远，他们是埋伏在屋顶上的狙击手，随时准备射杀威胁总统人身安全的人。

3. 法国总统保镖

法国总统每次出行，人们都可以看到一些高大健壮的身影在周围闪动。这些身影就是个个技艺超群的安全保卫高手——“法国总统安全组”的成员。

“法国总统安全组”成立于1983年，隶属于“国家宪兵安全干预组”，主要职责是保护总统及其夫人等家属的安全，确保总统完成重大的政治活动。法国总统安全组装备精良，他们使用的主要武器是MR73左轮手枪、MP5K冲锋枪、麻醉手榴弹、眩晕手榴弹和一枚威力很大的手榴弹等。其中，MP5K是专门用于保护要员的冲锋枪，口径为9~19毫米，能够安装激光瞄准系统，可以向50米范围内的恐怖目标进行射击。夜间执勤还装备了夜视眼镜，这种夜视眼镜重300克，戴上它，保镖们在漆黑的夜间能将500米内的目标看得清清楚楚。为了防止不法分子射杀总统，“法国总统安全组”还携带有大量可折叠的凯夫拉盾牌。一有风吹草动，保镖会马上用盾牌将总统遮护起来，挡住子弹或手榴弹之类武器爆炸产生的弹片。

“法国总统安全组”挑选成员非常严格。根据规定，所有申请加入“法国总统安全组”的宪兵应征者，必须在32岁以下，在宪兵成功服役5年以上，并通过空中体能和体格测试。这仅是第一道关。

然后是为期一周的筛选测试，主要是进行全面体检、射击考试和心理测试。如果第二道关通过了，应征者将进行第三道关的考验：为期6个月的训练，包括体能、搏斗、游泳、武器熟悉和突击兵训练等。其中，突击兵训练包括小船使用、滑雪、爆破和直升机穿插等。最后是贴身保护训练和跳伞训练。只有闯过所有关口，应征者才能成为总统及其夫人的护卫保镖。

在所有科目中，一些内容难度极高。如高速驾车训练是在世界极有名的勒芒赛车场里进行。新成员需要学习高超的驾车技术，主要用于马路战，以对付总统车队在马路行驶时突然遭到的汽车袭击。

4. 以色列首脑保镖

以色列人的安全保卫事业享誉世界。而以色列首脑保安机构——辛贝特，更是赫赫有名、首屈一指。许多国家的保安团体，都排队出高价聘请以色列保镖当顾问或者教练，甚至连美国人都虚心地向以色列保镖请教。

以色列辛贝特的成员都是从以色列精锐部队中千挑万选选拔出来的，他们个个身材魁梧，才貌双全，反应机敏，技艺高超。人人都有娴熟的驾驶本领，个个都能熟练地使用保安设备，精通搏击、擒拿等各种武功。他们出枪快，射得准，第一颗子弹击中目标是最基本的要求。一旦遇袭，首先要将保护对象按倒，以自己身躯抵挡刺客的子弹。他们的工作年限不会太长，反应一慢就可能会在安全保卫工作中出现漏洞，也就不适合再干下去了。

以色列辛贝特成员除了要学习犯罪学、鉴定技术、业务课程等基础科目外，还要进行大量的实地训练。实地训练的强度非常大，而且稍有疏忽就会产生意外。

在军事训练中，新队员通常是以 3 个人为一组，训练项目是从各种单兵技术到参加各级规模的战术演练。除了要学会熟练掌握手枪、步枪、冲锋枪等武器和跳伞技术外，还要学习卡乌·马格、空手道、拳击和柔道等搏击技术，并要掌握爆破技术和沙漠生存能力。

辛贝特的官员们还把新队员训练的成绩以及许多数据输入计算机，作为考核新队员是否合格的重要依据。在训练告一段落后，一些成绩差的新队员就会被淘汰了。以色列辛贝特有一个显著的特点，就是训练特别严格，体力训练难度大、力度大，这在世界上也是很有名的。

以色列首脑保镖在护卫政要时，通常实施三层保护圈战术，可谓壁垒森严。

5. 利比亚总统保镖卫队

卡扎菲一向以特立独行著称于世，而他拥有的一支独一无二的“女保镖”队伍，更显得与众不同。卡扎菲出行时喜欢带上这些女保镖，她们几乎成了卡扎菲身边一道靓丽的风景和引人注目的招牌。

卡扎菲于 1981 年春夏开始在他的卫队中使用女保镖，她们都是的黎波里女子军事学院或利比亚女子警官学院的毕业生，有的还获得过硕士学位。每个成员都受过严格的军事训练，射击技术精湛，而且机智灵敏。她们英姿飒爽、光彩夺目，既有女性迷人的魅力，又有军人的刚毅气质。这些贴身女保镖一般维持在 40 人左右，会定期更换。

这些女保镖不但才貌双全，而且个个勇猛无比，她们曾用实际行动证明了自己是首脑名副其实的贴身保镖。她们曾数次帮助首脑逃脱谋杀阴谋，特别是1993年她们从一批打算政变的男军官手中救出了元首，更是使她们名声大震。

6. 英国皇家卫队

英国皇家卫队队员身着猩红色紧身短上衣、头戴熊皮高帽，是英国的一道独特风景，他们每天在白金汉宫广场上的换岗仪式都会吸引众多行人驻足观看。

皇家卫队的主要任务是保卫王室成员的安全，但他们还有别的任务，凡是国家有重要的军事任务，皇家卫队都会作为精锐部队冲锋陷阵。

英国皇家卫队的士兵从各地陆军中选拔出来，然后被安排到皇家仪仗队位于白金汉宫附近的军营中受训。这些新兵每天除了跑步、射击训练之外，还需要学会炮弹发射、排爆、骑术等。

英国正规的皇家警卫部队属英国陆军系列，分为骑兵和步兵两部分。1815年，英国皇家卫队在滑铁卢会战中打败了法国的老牌卫队，并因此开始戴纪念战争胜利的熊皮高帽。要制造一顶46厘米高的熊皮帽，通常需要一头甚至两头黑熊的皮。熊皮帽经久耐用，其中有许多甚至代代相传，成了名副其实的“传家宝”。熊皮帽子遇雨吸水，而且不会产生静电。但由于动物保护组织的不断抗议，英国从2011年开始，不再用野生黑熊皮帽子，而以人造皮草替代。除了帽子，女王的卫兵们还要身着厚重的军装铠甲，以及大大的军靴。

英王外出的时候，皇家卫士都会紧随身边。如女王观看赛马时，卫士就身着便装，混迹于人群中，注意观察人群的动向。查尔斯王子喜欢到野外打猎，他骑马较快，常常将卫士落得很远。卫士就在他身上放置一个烟盒大小的跟踪器，以便在雷达屏幕上观察王子所处的方位。由于皇家卫队的尽职尽责，历史上从未发生过英王被刺杀的事情。

7. 印度国家安全卫队

由于国内恐怖活动日益猖獗，1986 年 9 月，印度内阁秘书处根据国家安全法组建了国家保安卫队。这支部队目前总兵力约 7500 人，司令部设在新德里中央政府办公区内。这支部队在克什米尔及其诞生地旁遮普等地区的紧张的反暴行动中获得了大量的作战经验，他们执行多重任务：从反恐、人质救援到保护要员，是亚洲最精锐的反恐部队之一。因为成员身穿黑色制服，头戴黑色贝雷帽、黑色头盔，印度国家安全卫队也被称为“黑猫突击队”。

8. 意大利总统卫队

意大利总统卫队隶属于宪兵部队，而人数多达 9 万人的宪兵部队历史悠久，它于 1814 年 7 月 13 日由皮埃蒙特王朝维多里奥国王创建。意大利总统卫队及其机动部队“中央安全行动核心”的成员都是从宪兵部队、正规部队以及国家特种部队中招募的佼佼者。他们的集中训练也是以体力和耐力训练为主，而且训练也是十分严格。意大利总统卫队及其机动部队“中央安全行动核心”的装备堪称世界一流，并且武器装备大多是本国研发生产的。

和其他国家把刺客“就地处决”的原则比较起来，意大利总统卫队的要求与众不同，意大利总统卫队及其机动部队“中央安全行动核心”的原则是：活捉罪犯而不是击毙罪犯。所以，他们特别重视擒拿格斗技术的训练，也特别强调射击的准确性，只能射击罪犯的手、脚，而不能射击要害部位。

9. 日本首相保镖

日本首相的保镖属于保安特警队，这是一支有200余人的政要保安队伍。

日本保安特警队隶属于东京警视厅警备部警护科，简称“SP”，任务是保护本国和外国重要人物的安全。队员现在有200多人，特警队分为四个班次，各班分工明确，一班负责天皇、内阁首相官邸；二班负责众参两院议长、副议长、最高法院院长和国务大臣；三班负责来访的外国首脑及政界要人；四班负责政党领导人。为了便于保护来访的女性首脑，保安特警队还组建了一支女子特警队。特警队员们由于工作性质的缘故，很少公开穿警服，一律着合体的便服，系红色领带，胸前佩戴SP图案和带编号的徽章。徽章的图案是太阳、月亮和樱花，象征着他们不分昼夜、不辞劳苦地执行任务。

日本保安特警队的挑选极为严格，挑选对象为东京警视厅所管辖的4万名警察，入选的基本条件是：一是要有过硬的身体素质，身高必须是1.75米以上（女队员必须1.60米以上），且强健有力，相貌较好，视力良好，反应迅速，动作敏捷。二是能精通各种枪械，特别是要求手枪射击技艺超群。要求在25米距离以外对10厘米以下小目标射击时，必须在20秒钟时间内命中5发以上。三是必须有无畏的勇气、强烈的责任感和牺牲精神。队员不仅需要强壮的气魄，还需要一颗勇敢的心，临危不惧，遇险不惊，为了保护政要的安全不惜牺牲自己的性命。四是精通英语，能用英语流利地进行各种对话。五是精通近身格斗技术。

保安特警执勤时的主要任务是事先发现潜在的攻击分子，

并将其擒获或打死。如果可疑分子开枪射击，特警首先要用身体挡住飞来的子弹，以确保被保护对象的安全，然后再实施反击。如果歹徒徒手攻击被保护者，特警会想方设法将歹徒撞倒，以确保被保护者的安全。据披露，日本保安特警在保卫政要人物时，通常会采取特殊的队形将被保护者紧紧地围在中间，即“贴身护卫”。据说，他们贴身保卫政要的战术，已经被很多国家的警察学校搬进了课堂。

二、为什么要加强对总统的保护

各国组建总统保镖队伍的原因是由国家元首职业的危险性所决定的。

当代最危险的职业也许就是国家元首。根据多方资料，在20世纪，世界各国共有550名国王、总统和总理遇刺。

美国历史上发生过多次总统遇刺事件，有的总统逃过一劫，有的则因此身亡。

林肯：第16任总统，1860年当选，1865年4月14日遇刺身亡。

加菲尔德：第20任总统，1880年当选，1881年7月2日遇刺身亡。

麦金莱：第25任总统，1900年获得连任，1901年9月5日遇刺身亡。

罗斯福：第32任总统，1932年当选，1933年2月15日尚未上任时（3月4日上任）遭行刺不遂。

肯尼迪：第35任总统，1960年当选，1963年11月22日遇刺身亡。

里根：第40任总统，1980年当选，1981年3月30日遭行刺不遂。

20 世纪 90 年代外国首脑遇刺情况

1991 年 2 月 7 日，阿富汗前总理基什特曼德在喀布尔遭身份不明的枪手开枪打伤。

1991 年 5 月 21 日，印度前总理拉吉夫·甘地在泰米尔纳德邦进行竞选演说时被炸弹炸死。

1992 年 4 月 14 日，纳一卡共和国最高苏维埃主席、34 岁的姆克尔强被不明身份的人用自动步枪打死。姆克尔强是在斯捷潘纳克特他的私人住所被暗杀的。

1992 年 5 月 29 日，从巴基斯坦访问归来的阿富汗临时总统穆贾迪文的专机，在喀布尔机场降落时遭 3 枚导弹袭击，该机受损但安全着陆，一名驾驶员受伤，穆贾迪文安然无恙。

1992 年 6 月 29 日，阿尔及利亚国家元首穆罕墨德·布迪亚夫遇刺身亡。他是在主持东部的安纳巴城镇的文化中心落成仪式演讲时遭持枪歹徒射击的，凶手为一名保安官员。

1992 年 9 月 2 日，波兰前政府总理彼·雅罗谢维奇于凌晨在住所被杀害。

1992 年 10 月 12 日，委内瑞拉总统卡洛斯·安德烈斯·佩雷斯在去出席一个医院的落成仪式途中，遭到若干名刺客开枪射击，但幸免于难，在其警卫人反击时，有 3 人被打死。

1993 年 1 月 8 日，波黑副总理田拉伊利奇在萨拉热窝机场附近被枪杀。

1993 年 5 月 1 日，斯里兰卡总统普雷马达萨在参加“五一”游行时遇炸弹袭击身亡。这起炸弹爆炸事件还造成另外 16 人死亡，60 多人受伤。此事件表明，南亚的恐怖主义威胁日趋严重。

1993 年 12 月 20 日，南斯拉夫黑山共和国副总理米哈伊洛·列萨早上在波得戈里察他的办公室里被人开枪打死。凶手是一家交通公司的财政负责人，他在开枪将列萨打死后自杀。

1994 年 2 月 1 日，伊朗总统拉夫桑贾尼在伊斯兰缔造者霍梅尼的陵墓前发表讲话时，有人突然用手枪开了 5 枪。开枪的地点距讲台 50 多米，未造成人员伤亡，伊朗新闻部长说，开枪者是一个“秘密恐怖集团”的成员。

1994 年 10 月 29 日，一名叫弗朗西斯克·杜兰的男子用自动步枪向美国总统府白宫扫射，开了 15 枪，其中一枪打中白宫新闻办公室的窗户。当时刚结束中东之行的克林顿总统正在白宫看橄榄球比赛。

1995 年 10 月 3 日，在马其顿首都斯科普里，马其顿总统格利戈罗夫遭汽车炸弹袭击，格利戈罗夫被炸伤，总统专车司机当场身亡。据报道，汽车炸弹事先停放在一家旅馆门口，当总统车队经过时，炸弹遥控起爆。

1995 年 11 月 2 日，哥伦比亚社会保守党领导人、前总统候选人阿尔瓦罗·戈麦斯·乌尔塔多在首都圣菲波哥大遇刺。

1995 年 11 月 4 日，以色列总理伊扎克·拉宾在出席在特拉维夫举行的有 10 万名群众参加的和平集会时，遭到一名犹太恐怖分子的枪击，拉宾胸部中了 1 枪。开枪杀害拉宾的凶手名叫伊格尔·阿米尔，时年 25 岁，是以色列某大学法律系学生，他当场被逮捕。

1995 年 11 月 20 日，俄罗斯车臣共和国总理扎夫加耶夫的车队在格罗兹尼遭恐怖分子袭击，总理幸免于难，6 名警卫受伤。

1996 年 2 月 4 日，危地马拉总统阿尔瓦多阿尔苏在首都危地马拉城南部一个城市险遭袭击，凶手被当场击毙。

1996 年 6 月 15 日，波黑穆斯林政府前总理、现任波黑党主席西拉伊季奇在波黑西北参加竞选集会时遭到袭击受伤。

1996年7月16日，乌克兰总理车队在前往基辅机场途中突遭一枚远距离遥控炸弹袭击，总理汽车严重受损，但无人员受伤。

1997年4月30日，塔吉克斯坦总统拉赫莫诺夫在列宁纳巴德州的胡詹德市参加胡智德市大学65周年校庆活动时，一名恐怖分子向他投掷了一枚手榴弹，拉赫莫诺夫腿部受伤。

1997年5月28日，柬埔寨第二首相洪森的车队在从金边赴官方晚宴途中遭枪手袭击，一保镖受轻伤。

1998年2月9日，格鲁吉亚恐怖分子用火箭筒、冲锋枪和其他武器袭击总统谢瓦尔德纳泽的车队，谢瓦尔德纳泽负轻伤，一名总统卫队队员和一名恐怖分子死亡。

1998年6月2日，利比亚总统卡扎菲在班加西地区受到一伙武装歹徒袭击。卡扎菲受轻伤，一名女警卫被打死，数名警卫受伤。

1998年7月23日，俄罗斯联邦车臣共和国总统马斯哈多夫专车在格罗兹尼遭到爆炸物袭击，一名保镖被炸死，六名保镖受重伤，总统本人受轻伤。

1999年3月21日，俄罗斯南部车臣共和国首府格罗兹尼发生一起谋杀总统马斯哈多夫的恐怖事件。据报道，马斯哈多夫在参加一个会议后乘车返回总统官邸途中，一枚威力巨大的炸弹被引爆，数名总统警卫和行人受重伤，而马斯哈多夫本人则幸免于难。

1999年3月23日，巴拉圭副总统阿加尼亚在乘车前往首都亚松森市位于市中心的办公室途中，遭到枪手伏击，阿加尼亚连中10弹，被送往医院后不治身亡，随行保镖及司机皆受伤。据目击者说，案发时，从一辆黑色汽车中走出至少两名身着迷彩服的男子，手持自动步枪，向阿加尼亚座车扫射。警方在现场发现了一枚未爆炸的手榴弹。

国家领导人是一国的核心所在，国家领导人的人身安全一直是国家政治生活中的重中之重。历史上曾发生多位国家领导遇刺身亡事件，为保护总统的人身安全，各国颇费心思，组建了各具特色的保镖队伍。

三、总统保镖是怎样炼成的

1. 美国总统保镖的训练

在美国，只有精英中的精英，才能成为总统保镖，那么美国总统保镖是如何炼成的？他们需要通过怎样的层层考验才能有资格站在总统身边？

新招募来的队员必须进行为期 5 个月的专业训练，训练的主要课目有射击、驾驶和护卫要人的专业知识和技能。另外担任总统、副总统贴身保镖除了要学习共同课目外，还要接受专门的安全训练。他们要学习使用先进的护卫技术，练习在各种复杂的路况和特殊的环境中的高超驾驶技术；还要学习防火、防毒和排除各种爆炸物的知识和技能，学习徒手格斗技巧。保镖要了解不法分子的心理特征，能果敢机智地解决问题。保镖们还必须熟练地掌握“走人技巧”，即保护总统在人群中顺利行进的技巧。

美国特工局有一个占地约 500 英亩的保镖培训中心，它坐落在马里兰州的一个偏僻乡村。该中心的四周被一个野生保护区和土壤保护区所覆盖，周围浓密的树林能掩盖特工们在训练时发出的各种声音。到这里来接受培训的特工人员过着严格的军事化生活，一方面，他们要接受长期的审查，其中包括接受测谎器和药物测试；另一方面，他们要熟练地掌握各种护卫技能。

他们必须会熟练使用各种武器，特别是熟练使用9毫米半自动手枪以及机枪、冲锋枪等特工常用的武器。射击的靶子被设计成各种人物，包括手持枪械的白发老人。教官教导特工，无需警示，对准心脏部位，一枪毙命。特工队员不但要使用各种新式武器，而且要根据需要设计特殊的武器。每一位离任总统的专车都要送到训练中心，供教学训练用。

训练中心主教学楼墙上的照片记录的大多是风和日丽以及被保护者安然无恙的时刻。马尔拉蒂大楼则讲述了总统保镖一段鲜为人知的辛酸和失败往事，其中涉及了肯尼迪总统遇刺事件的一系列照片，还有在1901年麦金莱总统送葬队列的俯拍照，时刻提醒特工们安保工作是多么的重要。为使特工们掌握在各种突发情况下护卫总统的本领，该训练中心利用现代化的教学设备将世界各地发生的枪击、爆炸、伏击、刀刺、车撞等重大谋杀政要事件制成教学片，由防恐专家给学员们反复分析，让特工从这些事故中吸取经验教训。尤其是教官多次向学员播放肯尼迪遇刺的现场纪录片，使特工对肯尼迪血肉横飞的血腥场面铭记在心，从而深切地体会到自己所担负的责任以及对刺客的仇恨。

此外，特勤局还充分使用国务院特工局的三个保镖培训中心，让学员们学习新知识、新技术和应付新挑战的能力。美国的一些私人保镖学校也是为特工局输送高素质保镖的场所，如美国前总统里根的保镖就出自私营的理查德高级保镖培训学校。

在马里兰州贝尔特斯维特工局训练中心里，理论学习与实际操作并重，学业告一段落时还经常会进行蹲守、追踪、抓捕以及防爆等多种演练。

理论学习时，防恐专家们利用各种先进的电化教学设施，帮助特工熟悉和掌握各种护卫知识和技能。通过形象直观的教学，让特工了解掌握突发事件的某些征兆、谋杀事件出现后保镖应采取的应急措施，以及如何有效制服刺客和保护政要的各种手段等。教授们还利用电视屏幕显示出模拟行刺的情节，让特工运用已学的知识设计出如何避免保护对象被刺或把危险减少到最低限度的具体方法和措施。

实际操作课目主要是让特工熟悉各种武器的设计和性能，提高特工排除故障的能力和射击精准性。训练中心还专门设计了一种训练枪，一旦扣动扳机，计算机马上便可以显示出中靶的环数。考虑到实战的需要，教练员着力训练特工在行进中准确命中目标的能力，如在速跑、攀爬翻滚以及在飞奔的汽车中对目标射击的命中率。

徒手格斗术是所有特工培训项目的一部分，它能使特工逐渐获得勇气和自信，获得在胁迫下保留注意力的能力。格斗训练还要让其接受“皮肉之苦”，忍受雨点般的拳打脚踢，这种训练是打造“金刚之躯”必不可少的步骤。

特勤队员在防御军事行动课的培训过程中，常规学员还要接受累计 24 小时的驾驶技巧训练。而被分配执行驾驶任务的队员，还必须接受进一步的训练，通常是超过 40 个小时的训练，要求特勤队员在行驶的汽车中上下自如，在夜间、雨雪中能驾驶汽车急停或急转弯，能一手驾驶、一手持枪击中目标。

特勤队员还要接受 10 个小时左右的游泳训练，其中包括从落水的飞机或车辆中逃生的技能。为了模拟飞机或者车辆落水后特工被困在座位上动弹不得的情形，训练时会让真实的飞机或车辆落入水中，来让特工进行训练。但需要指出的是，这种训练并不能确保落水的特工安然无恙——1973 年护送尼克松总统的特工 J·克利福特·迪特里希就是这样牺牲的。当时，他所乘坐的军用直升机在大西洋坠海，直升机被海水淹没，使得他没有逃脱，最终被海水夺去生命。

训练中心还聘请了不少外国的反恐怖专家任客座教授举办讲座，介绍各种恐怖组织的基本情况，让特工可以了解各种恐怖组织的活动规律和手段，能够在知己知彼的情况下，打败对手。

学员在训练中心结束训练的时候，通常都要进行实战演练。1992 年 6 月，训练中心进行了这样一场实战模拟演练：布什总统和他的随从正在巴拿马参加该国举行的欢迎他们的议式。在仪式进行中，突然有一群反政府示威人士冲破了由警察组成的隔离人墙。刹那间，枪声四起，在催泪弹爆炸的瞬间，总统保镖迅速冲向讲台，将总统和夫人保护起来。同时，一队先前未曾露面的反恐人员从附近的活动拖车中冲出来，他们穿着蓝色军装，脚穿黑色作战靴，头戴防毒面具，手持 MK16 步枪。总统和夫人穿上了保镖送来的防弹衣，并在保镖严密的保护之下坐进了一辆防弹车内。就在这个时候，一个车队在警笛声中驶进了广场，这个车队包括总统的座车、总统随从和保镖乘坐的一些车辆。然而，总统和夫人已经坐进了停在道旁的一辆防弹车内，在大批保镖的保护下，他们只要等待保镖彻底检测并确认安全后就可以离开了。

在学员们离开训练中心的时候，教官会给他们最后一句告诫："祝你好运，另外，别忘了写份遗书。"

特工们在训练中心学得高超本领后，还不一定能当总统保镖，在近 3000 名特工中，只精挑细选少数精英在总统特别警卫小组中工作。实践经验对于特工们来说非常重要，他们必须有 7~9 年的外勤工作经验之后才能在华盛顿各地轮换调防。

为了解罪犯的心理，他们每年都要到监狱去接触杀人嫌犯，与他们进行交谈，以做到“知己知彼”。总统的保镖们在工作中还必须练就能发出杀气腾腾的眼神及一副令人望而生畏的面容，使得一些人知难而退。总统的保镖还必须养成对任何人都防备的习惯，并具有严守秘密的品德及在政治上的超然态度，这是从血的教训中得出的结论。当年肯尼迪遇刺时，他身边不乏技艺超群的保镖，但保镖们对肯尼迪初选大胜得意忘形，与群众一起欢呼而一时放松了戒备，使刺客有了可乘之机。保镖们的口头禅是：“如果他（总统）在我值班时遇到不测，那就完了。他的性命就是我的性命。”

2. 俄罗斯总统保镖的训练

俄罗斯总统安全局每隔半年就要到全国范围内招收新成员，重点是从俄罗斯特种部队中挑选。应征者首先要经过面试和个性测试。初选合格者要在专门的保镖学校经过特殊的训练。俄罗斯的保镖学校享誉世界，原属苏联克格勃，不仅训练俄罗斯保镖，还为朝鲜和古巴训练保镖。入选者经训练达标后才能进入总统卫队。

在掌握技能之前，俄罗斯总统卫队还要求特工们首先要善于思考。他们认为，一旦情况发展成为开枪自卫的境地，就说明这个保镖已经失职了。保镖除了擅用身体和武器，更要擅用头脑，提前判断并及时消除潜在的危险，最好在不惊扰周围人的情况下将一切处理妥当。

进入总统卫队以后，还必须再接受严酷的训练，特别是体能、格斗术、射击、驾驶、快速反应、准确判断和思维能力的训练。在这些训练完全合格后，才能成为总统卫队的正式成员。即使在正式参加工作后，在坚持工作的同时，每隔一天还要参加格斗和射击训练。

3. 法国总统保镖的训练

法国总统卫队每年2月份在全国范围内挑选新成员，经过层层选拔，120名的预选对象只有6名有资格入选。

入选特工将接受一系列特殊训练。首先，他们要学会辨识敌人。教官向特工出示一张“敌人”的相片，只让他们看3秒，就将照片和其他100张照片杂乱地放在一起。特工们被要求，一眼能辨认出“敌人”的相片。接着，教官再将这名“敌人”的照片混迹于数百人当中，要求特工在10秒钟之内将其认出并将其“击毙”。世界上很多有名的恐怖分子的相片都作为训练内容，被法国总统保镖铭记于心。

此外，法国保镖还要接受体能、格斗、游泳、武器熟悉、射击、布雷、除雷和突击兵训练等。其中，格斗术训练主要学习美式拳、法式拳及泰国拳。法国保镖的高速驾车训练是在世界极有名的勒芒赛车场里进行的。法国总统的保镖个个都是出色的特技飞车手，可以让并排行驶的三辆车同时作180°的大转弯，可以在第一声枪响后的30秒时间内迅速驾车撤离危险区。据说，这种过人的车技曾经将法国密特朗总统从枪林弹雨中解救出来过。

4. 日本政要保镖的训练

日本保安特警队在职训练也极为严酷，每天特警队实用技术训练从着装检查和枪支检查开始，再进行警卫战术技术的特别训练，然后进行徒手护卫技术训练，接着是射击训练。射击训练是特警训练的主要项目之一。在射击训练中，新队员要表现出自己在这方面的技能，射击时的姿势要平稳，还要有足够的灵活性以变换其他的射击姿势。此外，还有变换队形训练。由于特警队保护政要时需要因地形不同而经常变换队形，所以在训练中，他们要随着教官的不同口令，反复地变换着各种队形。日本特警队总结出一套如何巧妙地改变攻击分子进攻方向、竭力降服对方的技术。他们强调要迅速抱住那些靠近政要企图行凶的攻击分子的肩膀或腰部，使其改变姿势，从而迅速降服对方。这种“秘密技术”每天都要训练大约 10 分钟时间。

5. 以色列政要保镖的训练

以色列重要人物保卫处的成员都是从以色列特种部队中精挑细选而来的，他们个个身体强健，相貌堂堂，行动敏捷，具有超常的智慧和才能。人人都有熟练的驾驶本领，个个都能熟练地使用通讯设备，精通擒拿格斗等各种武功。他们出枪快，瞄得准，第一颗子弹击中目标是起码的要求。根据作战理论，以色列政要保镖都应该遵从一个基本原则——迅速对刺客作出反应。保镖要在刺客射出第一发子弹的时候，迅速反应，立即开枪将其击毙。保镖射击动作必须在 1.6 秒到 1.8 秒之间，这是经过电子仪器测量过的时间，凡是在训练课上没有达标的人，都不会被重要人物保卫处接纳。

重要人物保卫处的官员们还把新队员训练的成绩以及许多数据输入计算机，作为考核新队员是否合格的主要依据。在训练一段时间后，个别成绩较差的新队员就会被淘汰了。

以色列重要人物保卫处成员除了要学习犯罪学、鉴定技术、护卫技术等基础课目外，还要进行大量的实地仿真训练。实地仿真训练的强度非常大，而且稍有疏忽就会产生意外。

在军事操练中，新成员通常是以 3 个人为一组，操练项目是从各种单兵技术到参加各级规模的战术演练。他们除了要学会熟练掌握手枪、步枪、冲锋枪等武器和跳伞技术外，还要学习卡乌·马格、空手道、拳击和柔道等搏击技术，并要学会爆破技术和掌握野外生存能力。

四、格斗技能是总统保镖的必备技能

近身格斗是人类已知的最为古老的战斗方式，尽管武器技术在发展，但作为一名总统保镖，有可能由于环境不允许使用火器，例如当敌人与普通老百姓混杂，而处于需徒手与敌人格斗的处境，为了完成护卫任务，他就需要在其身体武器的利用方面进行充分的训练。器械装备再好，毕竟是身外之物，不可能永远伴随左右，在任何时候都可以信赖的只有自己的体能和身体武器。身体武器永远不会卡壳、弹药用尽。若手脚利用得当，就可阻击袭击者，擒获对方或令其当场毙命。

徒手格斗训练的目的：在近距离遭受突袭时，近身格斗训练将能拯救生命。更重要的是格斗训练有助于使人逐渐获得勇气和自信，获得在胁迫下保持注意力的能力。徒手格斗训练中包括艰苦努力的身体素质训练，同时达到精神上和军事上的要求。徒手格斗训练的总体效果：成功的身体素质训练可全面提高个人和团队的身体素质，包括力量、柔韧性、平衡、心肺功能等，建立个人的勇气、自信、自律、团队精神。

1. 日本首脑保镖的格斗技能操练

日本首脑保镖的近身格斗技能非常全面，他们既擅长器械格斗，又是徒手格斗的行家里手。保安特警队员持有的警棍与众不同，这种多功能警棍犹如照相机的三角支架，不用时能折叠起来装入衣兜，使用时打开会变得又粗又长，既可当刀剑，又可当棍棒。这种警棍在无枪械的格斗中是对付匕首的首选武器，是匕首的克星。在以警棍与手持匕首的歹徒打斗时，打击歹徒持械手的手指、手背、手腕、前臂等肘部以下的任何部位，都能将其刀子打落，之后再制服歹徒。日本首脑保镖精通实用性更强的合气道。合气道是一种使用反关节招数制胜的武道，避开对方的攻击，利用对方的气力，逆转对方的手腕或肘部等关节将其摔倒或擒拿。男特警队员要求具有空手道、合气道、剑道三段以上水平，必须要有“以一敌三”的格斗能力。日本特警队总结出一套如何巧妙地改变攻击分子进攻方向、竭力降服对方的技术。他们强调要迅速抱住那些靠近政要企图行凶的攻击分子的肩膀或腰部，使其改变姿势，从而迅速降服对方。这种“秘密技术”每天都要训练大约 10 分钟时间。

2. 以色列政要保镖的格斗技能

以色列重要人物保卫处的成员都是从以色列精锐部队中千挑万选选拔出来的，他们个个精通格斗擒拿等各种武艺。

以色列特工的格斗训练基本上以本民族的传统武功“卡乌·马格”为主。该格斗术是一种相当强悍、实用、凶狠的格斗技术体系，是以贴身近打为主的综合性武功。以色列特工在近似实战化的训练中也认识到任何一种武功都有自己的局限性，单一的格斗术不能保证自己立于不败之地。近年来，以色列特工在强化“卡乌·马格”训练的同时，注重取他人之长补己之短，吸收融入了柔道技术强化了自己的地面缠斗技巧，吸收融入了拳击技术强化了自己的拳法攻击技巧，吸收融入了空手道技术强化了自己在长距离格斗上的能力。

以色列特工在格斗训练中紧密结合体能训练、战术训练和毅力训练，使格斗训练的难度与强度不断提高。严格训练的特工具有强烈的战斗意识和必胜的信念。

3. 泰国皇家卫队保镖的格斗技能

泰国保镖的泰拳训练相当残酷，他们为了将身体练成攻无不克的利器，在训练中经常在踢打树木时使手脚鲜血直流，沙包上也布满了鲜血，不但练就了钢拳铁腿，而且练就了保镖的坚强意志和勇猛无畏的战斗精神。泰国保镖训练的泰拳与擂台格斗截然不同，擂台竞技只准用拳击、脚踢、膝撞与肘顶，而特工训练的泰拳是以杀死敌人或使其失去战斗力为目的的，除了应用拳脚肘膝攻击外，还可以用头撞、撕扯、牙咬、掏裆等方法，无所不用，无所不攻，手法极为凶狠残忍，实战性、攻击性和致命性较强。泰国皇家卫队的保镖一般都是武功高手，例如南部拳王朗塞就技艺出众，大名鼎鼎，他是泰国皇家卫队的御用保镖，因技术全面和拳腿肘膝各项泰拳武器运用自如，而被视为罕见的泰拳天才。此人不但实战经验丰富，且技术全面，投摔的技法也非常精通。

4. 法国总统保镖的格斗技能

法国总统卫队对保镖的体能与格斗能力要求很高，他们需要背着 11 公斤的重物跑 18 公里，然后一口气做完 40 个伏地挺身；他们要从 10 米的高台上跳水，从 60 米的高架上攀绳降落。

法国总统保镖训练的是他们本民族所特有的格斗技术“法式拳术”，又叫“法式踢击术”，他们在苦练“法式拳术”的基础上又融入了合气道、美式拳、泰国拳的精华，使得法国特工的格斗术训练不断发展创新。法国总统保镖个个武功出众，而徒手格斗术在一定时候也能派上用场。2002 年 7 月 14 日，法国时任总统希拉克在进行国庆阅兵时，被混迹于人群中间的一位杀手持枪瞄准，总统保镖就是用徒手技法将其擒获的。阅兵仪式经历了一瞬间不易察觉的混乱，就恢复原状照常进行了。

5. 俄罗斯总统保镖的格斗技能

俄罗斯总统保镖的格斗训练以桑博为主，另外他们还熟悉柔道、摔跤等多种搏斗技能。

俄罗斯总统的保镖个个智勇双全、武功高超、各有绝技。比如说，叶利钦总统的一个保镖名叫库兹涅佐夫，他力量惊人，能徒手将一头牛掀翻在地，他曾经是前联总理雷日科夫的保镖。有一次，他随雷日科夫总理出行时，一头牛突然冲向总理，眼看就要撞上雷日科夫，在这千钧一发之际，库兹涅佐夫上前抓住牛角，一下子将牛掀倒在地，雷日科夫安然无恙。

穆斯里穆曾是俄罗斯总统普京的贴身保镖，他曾经获得 2004 年散打欧洲锦标赛冠军、2005 年第八届国际武术锦标赛冠军、2006 年第三届散打世界杯 80kg 冠军、2006 年江中杯首届国际武术搏击争霸赛 KFK 超霸王中王、2007 年中俄散打对抗赛 80kg 冠军。

而俄罗斯总统保镖所拥有的擒拿格斗技术也的确被用于护卫现场。1990 年 11 月，是苏联的国庆节。那天，莫斯科红场照例举行隆重的庆祝集会，戈尔巴乔夫总统站在主席台上兴高采烈地向人群挥手致意。突然，在离主席台 46 米处的人群中出现了一个异常现象，一个男子悄悄持枪瞄准了主席台上的戈尔巴乔夫。人群在欢腾，几乎没有人注意到这里隐伏的杀机，但总统卫队的保镖梅利尼科夫却将这一异常的景象尽收眼底，他迅速挤过人群，冲上前去，双手猛地托起男子的枪，枪口向上扬起，数颗子弹射向空中，紧接着他用膝盖猛烈地撞击该男子腹股沟，然后夺下其枪，与随后赶到的5名便衣保镖一起将刺客擒获，主席台上的戈尔巴乔夫和其他领导幸免于难。

6. 意大利总统卫队的格斗技能

和其他国家把刺客“就地正法”的原则比较起来，意大利总统卫队的要求显得别具一格，意大利总统卫队及其机动部队“中央安全行动核心”的原则是：活捉罪犯而不是击毙罪犯。所以，他们特别重视格斗技术的训练，也特别强调射击的准确性，只能射击犯罪的手、脚，而不能射击要害部位。他们中的每个人都是擒拿格斗的高手，精通中国武术和日本柔道。

1982年1月28日，“红色旅”绑架了北大西洋公约组织南欧盟军地面部队副参谋长、美国陆军准将詹姆斯·L·多齐尔。1月29日，意大利总统卫队的机动部队——“中央安全行动核心”在美国和联邦德国反恐专家的协助下，很快掌握了关押多齐尔的地点。为达到出其不意的效果，“中央安全行动核心”的成员神不知鬼不觉地靠近了关押多齐尔的房子。一名“核心”成员将门撞开，迅速将正在锁门的恐怖分子击倒并制伏。另一名“核心”成员冲进关押多齐尔的房间，看守多齐尔的恐怖分子连忙举起手枪对准多齐尔的头部，但就在恐怖分子尚未扣动扳机之际，“核心”成员迅速扑到他身边，并用枪托猛击其头部，然后迅速骑在他背上，用枪口抵住其头部，将其制服。“红色旅”的小头目安东尼奥手中的报纸还没有放下，“核心”成员已经冲到了他的面前将其擒获。另外2名恐怖分子来不及反抗便束手就擒。整个袭击行动总共只用了90秒钟，警方无一伤亡。这次营救多齐尔行动之所以能够成功，与“中央安全行动核心”队员们高超的特战技能以及相互之间默契配合是分不开的，尤其在解救多齐尔那一刻，恐怖分子已经将枪顶在多齐尔头上，“核心”成员用干脆利落的擒拿格斗动作在关键时刻将恐怖分子制服。可以说，意大利总统卫队的机动部队——“中央安全行动核心”的成员过硬的综合素质，是这次营救行动获得成功的重要基础。

7. 韩国总统保镖的格斗技能

因为总统保镖训练的内容较多，别的国家的总统保镖训练的武功是易学易用的技术，这些技术并不强调需具备长年累月才能培养成功的关节的灵活性和手脚的硬度。但韩国的总统保镖是与众不同的，他们在训练时，常常要花几小时去练习高位踢腿。在他们的训练里还包括用手和脚击碎木头、砖块和水泥板片。韩国总统保镖主要是训练跆拳道、柔道和剑道，韩国总统保镖中还有人是重量级职业拳击手。

韩国总统保镖非常重视格斗术训练。在韩国，多位总统保镖的格斗术教练名叫张水玉。1979 年 6 月。时任青瓦台警护室长的车智哲第一个发现了张水玉的超人功夫，他向朴正熙总统推荐了张水玉。在观看了张水玉的武功表演后，总统当场指示警护室长把张水玉的格斗术在全军普及，并把其格斗术列入到青瓦台保镖的必修课中，张水玉随即成了总统保镖的格斗术教练。从 1980 年 10 月 15 日起的 22 年岁月中，张水玉先后为 4 位总统的贴身保镖们当“师傅”。

五、总统保镖格斗术的训练要诀

1. 重视环境预警能力训练

自卫的最好形式是：你不需要使用它。使用良好的判断力和警惕性进行预防性自卫，这可以使你避免一些潜在的危险处境。

那些训练有素的总统保镖必定是机敏过人的，如果缺乏对危险的警惕性是无法成为合格的保镖的。可疑分子下定决心攻击你的最好时机，就是你对周围环境毫无觉察的时候。他的优势是采取突袭的策略，在没有任何预兆的情况下攻击你。因而在任何环境里面，清醒和警觉意识都是至关重要的。这种心理状态并非是多疑与恐惧，相反，这种状态可以通过提前思考对策并做出正确的决策避免危险。

警觉性是防御的第一道防线。你要调动你的直觉，利用周围的一切资源，找到如何避免潜在危险情况的方法。如果你能够在第一时间预感到危险的存在，那么就可以避免打斗的发生，而确认歹徒“不轨行为”的能力主要来自于你的下意识。有时，你可能会隐隐约约感觉到对方不对劲，但是又无法准确地判断出到底是什么出了状况，这种感觉就是可以用于提高生存能力的直觉之一。

不要让可疑分子靠近你。要知道，很多犯罪分子都习惯于像灵猫一样进行突然袭击。平时，你就要设想这种突袭可能随时发生，那么你的反应能力就会得到提高。如果对方突然发起攻击，那么你也应该立即反击，而不是先进行充分的准备或者是试图警告对方。

2. 提倡先发制人

总统保镖在战斗时，都会尽可能争取主动，而不是被动地应付歹徒的攻击。很显然，对付暴力最好的方法就是在它发展到实际冲突阶段之前就避免它。但是，当事态不可避免地发展到这一步时，保镖格斗术提倡你在歹徒攻击之前先发制人，并乘胜追击直至击溃歹徒。而要真正做到“先下手为强”则需要提前反应。当你预感到对方将要攻击时，就应该立即进行反应和反击，打他一个措手不及。

3. 重视格斗精神培训

在徒手格斗中，总统保镖所拥有的最具杀伤力的武器，就是他的大脑。他的灵活的思维，在严酷的身心压力下毫无恐惧、慌张的反应能力是胜败的关键。美国著名私人保镖汤姆·穆兹勒说：“如果想在格斗中取胜，先决条件便是——敢于直面死亡，能够正视自己的恐惧和不安。否则，在格斗场上，他们就不能发挥自己的最大潜力，不会表现出最好的竞技状态，从而很难取得最佳战果。他们的思虑常常被一些杂念所干扰，并因此而表现得心神不定、惴惴不安。”

总统保镖必须要开发自己的头脑，训练自己的心理素质和反应能力。他必须毫无恐慌地于一瞬间做出反应，从而在格斗中挥洒自如。

总统保镖格斗术要求学员必须有坚强的意志，坚忍不拔的精神，具有将生死置之度外、视死如归的心理，全力以赴、勇于拼搏的作风。只有这样才能以精神为统帅，调动全身各部，发挥最大效能，并可克服恐惧、焦虑和急躁情绪，保持自己旺盛的战斗力和战斗情绪。

4. 学习简洁易用的技术动作

总统保镖格斗术动作高效速成、易学易用。它的技术是根据人体的自然反应设计的，在打斗条件下更迅速，更易于使用，并且仅需短期训练即可形成反射性动作。虽然总统保镖培训的时间非常短，但效果惊人。其科学的训练方法会很快使队员掌握常用的格斗技巧。

总统保镖主要学习一些简洁易学的技术动作，并反复练习一些在打斗中凭直觉就可以完成的简单技术，因为这些技术动作在压力下也很容易发出。要确保你的技术简洁直接，并除去一切华而不实的东西。要使用你最近的部位来进行攻击，并且忘掉技巧与优雅。事实上，当总统保镖与敌人进行生死搏杀时，他会因肾上腺素分泌的增加而感到恐惧和惊慌，直接导致运动机能的减少。这就意味着以往学过的复杂的打斗技术很难实施，他的格斗则只能靠自身的本能控制。

为了使总统保镖在巨大压力下发出极具威力的技术动作，那么培训时就务必令总统保镖明白：敌人身体上易受攻击的要害部位有哪些，总统保镖身体哪部分可用作武器来攻击敌人。总统保镖与敌人打斗时，要充分利用他的身体武器，尽量地给敌人的身体造成最大伤害。为达到这一目标，总统保镖要快捷凶狠地猛击歹徒的要害部位，尽量做到一招制敌，不能期待有第二次机会。

5. 格斗训练以实用为本

总统保镖格斗术是没有固定架式、随心所欲的综合搏击术，换句话说，就是没有成套和神秘的招术、没有对特定的攻击做预定的反应、没有按照程序化设计的技巧。实际上，想要有效地发挥程式化的技术是很困难的，速度、无序、邪恶、混乱等这些和真正打斗相关联的因素导致程序化的技术根本难以派上用场。记住，所有残酷的搏杀，都是没有规律的，因此程序化的训练并不能替代真正的实战练习。程式化的动作只是作为学习的工具，而不是最终目的。这不是推测，而是被无数格斗专家的经历和死亡的详细报告所证实的。那些拥有各种不同武术流派高段位的教官认为，当遭遇心毒手辣的暴徒时，受传统模式训练的人将难以打败对方。

传统的训练往往是潇洒的、配合的和可预见的，但真正的格斗却是丑陋的、危险的和杂乱无章的。碎石断砖、华丽的高踢和韩国的下劈腿都令人羡慕，造诣也很高，是值得称赞的打击技巧，但是他们有一个共同点就是实用性不强。很多训练传统武术的人都认为格斗术和武术没有区别，这造成他们的打斗理念和训练都与打斗的实际情况脱节，在危险来临时，往往茫然失措，付出惨重的代价。

总统保镖格斗术要求总统保镖穿上执行任务时的服装进行近似实战的训练。事实上，总统保镖在整个训练过程中都会感到难受，因为训练都是在近似真实暴力冲突的危险环境中进行的。在夜间进行训练、在泥泞的地面上训练、在冰天雪地中穿着笨重的衣服进行训练，而且有时总统保镖会在处于饥渴交加、疲惫不堪的状态进行格斗训练。这种训练能促使训练者积累实战经验，使其格斗水平迅速上一个新台阶。

6. 常用的格斗技术训练

在格斗中，你的格斗目标就是要阻止歹徒的攻击或者使对方失去攻击能力。将目标定在要害部位当然是明智的，而在次要的方面浪费体力就不是正确的选择了。在压力下，人体会变得更加强壮而且能够忍受攻击。因此，只有特别强悍的攻击技术才能奏效。这些技术包括：开掌攻击面部，如手指戳击、撕裂、手刀、C 形掌法攻击和推掌技术；用直拳、勾拳、摆拳等攻击歹徒身体柔软的部位而不是那些坚硬的部位，如果你一定要攻击对方身体的坚硬部位，那么你应该用砸拳实施攻击；肘法或者是膝法攻击；低位腿法和踩脚技术；生死关头使用的牙咬和挖眼技术；擒摔、诱捕、窒息和关节锁技，这些技术可以在擒获不法分子时使用。

特种保镖格斗术体系是按照远踢、近打、靠摔、巧拿，以擒为主、一招制敌的原则确定的。为了使打斗中技术变换顺利，保镖格斗术设计者将关节封锁技术、点穴术等综合编排，以使保镖能在整个打斗过程中控制犯罪嫌疑人。为了避免打斗中失去对犯罪嫌疑人的控制，格斗术使用了一种技术性的战术。在变换技术时保镖格斗术同时实行打斗方向的变更，迅速有力地从一个关节封锁转换为另一个关节封锁技术，同时配合点穴技术的应用。对犯罪嫌疑人使用关节封锁技术后配合使用点穴技术的效果很好。不管怎样，如果犯罪嫌疑人企图挣脱保镖的控制，关节封锁与点穴（脉）技术会让犯罪嫌疑人感到剧痛难熬。如果犯罪嫌疑人不做反抗，他的疼痛感就很轻微，随后，他就变成了你的阶下囚。

第二章　随身保镖的分类及护卫方法

第一节　驻地护卫

驻地护卫又称为封闭式护卫，是一种以护卫对象驻地为主要工作环境、以周边活动区域为半径的一种服务性质较强的护卫工作。为了防患于未然，确保护卫对象在驻地安全生活，就必须深入地了解周边的环境，对可能发生的危机有一个具体可行的应对办法，针对可能发生的突发事件做好应对预案。

一、驻地护卫的要素

1. 基本情况的了解

第一，要了解护卫对象的基本情况。如护卫对象的体貌特征、身体健康状况、个人风俗习惯以及生活禁忌。第二，要了解驻地（宾馆、酒店、别墅、民居、官邸）地理及周边的相关情况。如要了解最近的报警点和最近的社区、医院的具体位置和路线。要熟悉驻地附近的交通情况。要留意距离驻地 400 米以内的制高点的一些情况，防止远程枪击事件。第三，要了解驻地内部的情况。如果护卫对象入住宾馆，保镖就要明确宾馆的安全通道的方位，各层楼的楼梯出口、电梯口、护卫对象房间的门窗的位置等。如果护卫对象居住在别墅、民居等私人居住场所，保镖要熟悉整个建筑通道的情况，留意建筑的结构、了解建筑内的安全消防工具等。第四，了解驻地相关人员的基本情况。如果护卫对象居住在酒店，保镖就应当留意入住酒店的大概人员情况，如果突然间有与环境不相符的人员主动接近护卫对象，就应当立即警觉。如果护卫对象入住别墅或者是民居，此时就需要及时了解所有相关人员的基本情况，迅速记下所有人的基本面部特征，观察他们的言行举止和行为习惯。

2. 驻地安全排查

保镖在护卫对象入住前，需要对驻地进行详细的安全排查。首先，要对室外附近进行安全排查，顺序是从前到后，每一个设施都要仔细观看，尽量保证无安全隐患、无窃听偷拍的现代监控工具。其次，无论是别墅、民居，还是宾馆、酒店，室内搜查的顺序基本一致，都是对每一个房间进行排查。

3. 突发事件的预案、处理和善后工作

在接到随身护卫任务后，还要根据可能发生的突发事件设计一两套处理危机的预案。如果发生了枪击、爆炸等恶性事件，就需要保镖保护护卫对象迅速撤离险境。首先要保持镇定，观察周围环境，判断所采用的预定撤离方案是否合时宜。同时还要注意以下几点：选择脱险方向、确定目的地、及时通报情况。

二、驻地发生紧急情况的护卫方法

1. 有人向驻地投掷物品的现场处置

当有人向护卫对象驻地投掷物品时，特种保镖应及时查明

所投掷物品的性质，立即果断地进行处理，并将投掷者擒获。如投掷者已离开，应记准投掷物品发现的时间地点，保护现场，报告上级部门处理。若是爆炸物，一定不要去碰，不要抱有侥幸心理，应立即保护护卫对象离开危险区域，并通知有关部门将其排除。

2. 有人翻墙入院的现场处置

当看见有人翻墙进入护卫对象驻地时，应迅速将其擒获，查明企图，及时向上级领导请示报告。同时控制好重点部位，确保护卫对象的安全。

3. 有人冲击驻地的现场处置

当单个或群体冲击护卫对象驻地闹事时，特种保镖要劝说其离开驻地，并组织力量形成防护人墙，防止闹事人员闯入警戒区。同时，迅速将情况报告上级，按领导的统一指示行动，必要时调动机动力量控制事态。处置中要与相关部门配合，查明原因，有针对性地进行工作，教育群众，孤立为首分子和主要成员。

4. 火灾事件的紧急处置

当护卫对象驻地发生火灾时，应首先保护护卫对象撤离危险区，火灾开始时，要一方面组织力量积极扑救，一方面迅速报警和报告上级。同时加强戒备，严密监视周围情况，防止不法分子乘机破坏。

5. 爆炸事件的紧急处置

当护卫对象驻地发生爆炸时，应首先组织力量保护护卫对象脱离险区。如护卫对象受伤，应当立即进行救助或送往医院抢救治疗。在采取紧急救助时，要注意保护现场，盘查可疑对象，抓获敌对分子，并迅速报告公安和消防部门查处。

6. 驻地遭到武装袭击的紧急处置

护卫对象驻地遭受敌对分子武装袭击时，特种保镖应坚守各自岗位，阻击歹徒，迅速报告上级领导。要临危不惧，尽力将敌擒获或击毙，确保护卫对象及其驻地的安全。

7. 驻地停电的现场处置

当护卫对象驻地突然停电时，保镖应迅速对要害部位进行警戒，注意保护护卫对象，并使用强光手电筒、应急照明灯等实施应急照明，同时快速查明停电原因，组织抢修，恢复照明。

8. 中毒事件的紧急处置

发现护卫对象出现恶心、呕吐、腹痛、腹泻、发烧等食物中毒症状时，要冷静地分析发病原因，立即组织医护人员就地抢救，并尽快送往附近医院进行相关处理。随身保镖在急救护卫对象时，要保护好现场以备检验。若是不法分子的投毒暗害，要及时报告上级部门查处。

第二节　随车护卫

随车护卫又称为流动护卫，是护卫人员保护护卫对象乘坐交通工具从出发地到目的地的一个护卫过程。

一、随车护卫的要素

1. 出发前的准备

在乘车出发前必须做好以下三项工作：①应当检查应该携带的物品是否齐全。②在离开房间前，保镖需要记住临走时室内所有物品的摆放位置或者留下一些特殊标记（留记忆）。③检查车辆，防止敌对分子在交通工具上安装爆炸物等。

2. 乘车护卫

行车路线的选择：其一，行进路线拐弯少、慢行少、停车少。其二，行进路线附近公安、武警、政府要地等警备力量较多。其三，行进路线周边高层建筑少。其四，行进路线附近应当有一些医疗机构。

行车车辆的安排：应当有护卫车、护卫对象用车以及备用车。

3. 停靠车及下车护卫

到达目的地停车时，车辆不要成一排停列，尤其在宾馆门前停车道上，其他车辆应该停在停车道的出口和入口外，将出入口让出，以便临时撤离。在情况不明的条件下，所有车辆应当保持发动状态，待确定安全后再熄火灭车。

当车停下后，就需要保镖下车查看周边环境是否安全，尤其需要注意周边 400 米范围之内的高层建筑上是否有可疑情况。如果没有任何可疑情况，便可以要求护卫对象下车。当护卫对象下车后，所有人员就需要按照护卫战术围绕在护卫对象周围，以防止各种意外情况发生。

二、行车途中发生紧急情况的护卫方法

1. 途中遭受袭击的紧急处置

行车途中遭到枪械袭击时，随车保镖应迅速辨明枪手所在位置，用火力压制住歹徒，保护主车脱离险境；主车保镖即用身体保护护卫对象趴下隐蔽。如主车司机和随身保镖均已中弹受伤，其他保镖应设法替换主车司机将车驶离危险之地。如主受损无法开动，应设法保护护卫对象换乘其他车辆离开现场。如护卫对象负伤，应对其进行简单包扎后，立即送往附近医院进行急救。

2. 途中遇有爆炸的紧急处置

行车途中遭遇爆炸时，如主车没有被炸坏，还能行驶，特种保镖应带领车队迅速离开爆炸现场。如主车被炸坏，无法开动，保镖应保护护卫对象换乘其他车辆离开爆炸现场。

如主车、随员车均被炸坏，特种保镖应在护卫对象周围形成防护圈，并保护护卫对象撤离爆炸现场。如护卫对象被炸伤，应设法迅速护送护卫对象到附近医院抢救。

3. 遇敌驾车冲撞的紧急处置

在行车途中，当敌对分子驾车迎面向车队撞击时，前卫车应加速进行阻截，或直接向敌车撞击。还可以将车停在歹徒车辆行驶路线上，以车体做“盾牌”保护主车安全，后卫车带领主车迅速脱离险境。当敌车从侧面撞击时，若前卫车已驶过，后卫车应马上加速插入敌车与主车之间，掩护主车迅速离开险境。当敌车企图从后面撞击时，后卫车应抢占有利路线，同时

采取强行别压的方法，迫使歹徒停车，前卫车应带领主车迅速离开危险区域。

4. 被人拦车的现场处置

在行车途中遇有人拦车时，原则上是不停车、不开车门、不下车。如果仅一人拦车，造成主车停车，随车保镖要锁紧车门，后卫人员迅速下车解决，前卫车和主车应立即驶离现场，拦车人交由线路执勤人员负责解决，如果没有线路执勤人员或需要留人处理时，由后卫人员负责解决。如遇有群体性拦车，造成主车无法驶离，前、后卫人员应迅速下车，在主车周围形成保护圈，随车机动力量负责打开通道，保护主车脱离现场。

5. 主车发生车祸的紧急处置

在行车途中主车发生车祸时，主车保镖应注意保护护卫对象免受伤害，并迅速驶离现场。如主车受损严重无法行驶，保镖应保护护卫对象改乘备用车或其他车辆驶离现场，随车机动人员应迅速上前，协助护卫对象脱离现场，并留人处理善后工作。

6. 被障碍阻车的紧急处置

行车途中发现有障碍阻车时，前卫保镖应提高警惕，仔细观察周边情况，采取排除障碍或绕行、改道等措施，迅速驶离现场，防止敌对分子趁机进行暗害活动。

第三节　现场护卫

现场护卫又称为开放式护卫，是护卫工作的重点，也是最容易出现突发性事件的地方。现场护卫都是保镖保护护卫对象在某一固定场所参加某种活动。

一、现场护卫要素

1. 现场随身护卫调查

其一，收集活动现场相关的地理环境信息。其二，了解活动的政治、经济背景以及相关的情况。其三，了解参加本次活动人员的基本情况。

2. 现场随身护卫

在复杂的活动现场，可以采取一些随身护卫技战术，将安全风险阻挡在护卫对象之外。从战术意识上讲，应该在护卫对象与其他人之间设定一个警戒距离，这要根据周围的人员而定。倘若本次活动的人员较多，那么最低限度应保持在 1.5 米左右，保镖要将护卫对象与危险隔离开来。倘若人员密度不大，那么警戒范围放大到 3~5 米。

二、活动现场发生紧急情况的护卫方法

1. 被敌枪击的紧急处置

在活动现场，护卫对象被敌对分子开枪射击时，随身保镖要迅速判明情况，果断进行处置。如凶手是近距离开枪，随身保镖应以身体掩护护卫对象上车或离开危险之地，若护卫对象受伤，应立即送往指定医院抢救。

负责现场安保任务的人员应迅速制服枪手，控制要害部位，维护现场秩序，积极配合随身保镖完成转移任务。如凶手

远距离袭击，随身保镖应全力保护护卫对象离开险境。现场执勤人员要迅速判明枪手的位置，坚守岗位，严格控制通道、门口等要害部位，组织力量掩护护卫对象转移到安全地带，维护现场秩序，并派出机动力量搜捕枪手。

2. 现场发现爆炸物或发生爆炸的紧急处置

在护卫对象的活动现场发现爆炸物后，随身保镖负责保护护卫对象离开险境，其他保镖、机动力量应迅速设立警戒区域，同时设法排除爆炸物。

如发生爆炸，随身保镖应奋不顾身地保护护卫对象迅速转移到安全地带，现场安保人员、机动力量应迅速控制要害部位，并搜捕凶手。同时，疏导群众有秩序地离开爆炸现场，积极救治伤亡人员，保护爆炸现场。如护卫对象受伤，随身保镖应及时将其护送到预先选定的医院进行治疗，对抢救治疗的医院和病房加强警戒，防止凶手继续追杀。

3. 遇敌持刀行刺的紧急处置

遇敌持刀行刺时，随身保镖应挺身而出，以身体掩护护卫对象，可采取边抵抗边撤离的战术行动。其他保镖应迅速靠拢，控制歹徒，协助维护现场秩序，保护好现场。如护卫对象被刺伤，保镖或现场医务人员应进行包扎，并立即送往预先选定的医院进行治疗。

4. 发生拥挤的紧急处置

护卫对象的活动现场发生群众围观拥挤、道路阻塞、影响正常活动或危及护卫对象安全时，保镖应迅速在护卫对象与人群之间构成护卫圈，并做好宣传、疏导工作，全力打开通道，保护护卫对象离开现场。其他保镖应立即向护卫对象身边靠拢，形成第二层保护圈，掩护护卫对象撤离，机动力量应迅速疏通撤离通道，并维护好现场秩序。此种情况下，保镖要保持高度警惕，发现神态慌张、行为诡秘或携带物品的可疑人员，要特别注意观察其动向，及时引导护卫对象远离可疑人员。同时，积极准备采取预防措施，防止其突然袭击。

5. 遇有上访、告状的现场处置

如果发现有上访、告状模样的人员时，保镖应严加控制，防止其靠近护卫对象，其他保镖应立即进行劝阻，由现场执勤人员负责使其远离护卫对象。对向护卫对象递交的告状信或其他物品，保镖可答应代其转交，经检查后交有关部门解决。

6. 火灾事件的紧急处置

护卫对象的活动现场发生火灾时，如火势不大，能迅速扑灭的，应快速组织力量将其扑灭。火势较大时，应迅速保护护卫对象离开危险之地，现场保镖要立即报警，疏导群众有秩序地撤离，并监视周围情况，严防敌对分子乘机进行破坏活动。

7. 停电时的现场处置

护卫对象活动现场如在夜间突然停电，保镖应迅速在护卫对象周围形成护卫圈，用应急灯或电筒照明，保护护卫对象转移到安全场所，并督促现场有关部门迅速查明原因，设法抢修，恢复照明。

第三章　保镖自我防卫术

第一节　防跟踪

近年来，被跟踪事件数量呈上升趋势。这一术语通常用来指某人迷恋他人或对他人存有恶意，然后一直尾随他们。然而跟踪者经常不满足于单纯地跟踪他们的目标，他们会对目标进行身体袭击、侮辱，甚至对目标进行劫持和使用暴力。8%的美国妇女有被尾随的经历，每年有140万美国人在悄悄尾随受害者。大多数尾随者与受害者都有关系。与丈夫分居的妇女被尾随的次数可能是离婚妇女的3倍多，其中4%的妇女最终被谋杀。根据联邦调查局的统计，跟踪和激情犯罪在分居期间发生得更频繁，其中包括杀人。

1. 确定自己被人跟踪的方法

当你发现身后有人行迹可疑，难以确定他是否尾随自己时，你可以这么做：当你转身注意他时，他不自然地装作若无其事；当你继续前行时，他跟着前行；你走过马路那边，他跟着过；你再走回马路这边，他仍然跟着；你在安全的地方停下来，他在附近磨蹭不走。如果符合以上几点，说明你已经被跟踪了。做以上动作时，要尽量自然，以免引起坏人的警觉。

2. 发现被尾随后的脱险方法

①如果你在陌生之地感觉被跟踪了，立即找一个“避难所”。你可能只是过于敏感，但保持警觉永远比留下遗憾要好。如果是夜晚，要向附近住户、商店、超市等人多的地方走去，然后打电话与亲友联系，情况紧急要立刻拨打110报警。

②逃跑，在大多情况下都是生存的最佳选择，在很多生命受到威胁的情况下，脱离险境就是要求你逃离。在很多情况下，袭击者会追踪你。你可以迅速跑开，但必须向附近的单位跑，或向有行人、有人群的地方跑。

③如果你发现自己被追踪，而且被抓住的话就会没命，此时你跑步的能力成为决定你生死的关键因素。在摆脱攻击者时要做到：边跑边向前看，留心你的周围。不可回头看，回头看不但会让你减速，而且会增加被你面前的物体绊倒的概率，或者被车辆撞倒的危险。速跑时要对环境保持警觉，特别要留意路上有没有你可以用作障碍物来减缓追踪者速度的物体或物品，比如垃圾箱。在感觉到攻击者将要迫近你的瞬间突然变向。随着跑动大声喊“救命”，引起附近的人注意，坏人一般还是做贼心虚。如果追你的人不在乎被人发现，朝人多的地方跑，当你来到公共场所时，想办法快速混入人群。

④如果实在来不及跑开，或前路不通，你可以迅速观察周边的情况，寻找一切可以利用的物品作为武器，或寻找有利于自己的位置站定，与歹徒正面相视，厉声喝问歹徒，用自己的正气压住歹徒，再争取时间想其他办法逃脱。最直接的方法是立即大声呼喊，引来附近的人。如果无人见义勇为，你只有应用你的格斗能力来保卫自己。

第二节 取款时的防范

抢劫犯最常用的方法是在取款机旁边等待或者尾随取款者，而后实施抢劫。抢夺银行取款人员的犯罪分子一般是团伙作案，一人进银行选择作案目标，偷窥提款数额，其他人员乘坐摩托车、汽车在银行外等待。抢劫案是非常恶劣的，并且有时袭击、抢劫、凶杀是整个案件的组成部分。

2004 年 4 月 22 日，中午 12 时左右，重庆市某酒店的出纳和会计两位女职员，到银行取款后，被持枪歹徒抢劫，歹徒开枪打死 1 人、打伤 1 人后逃逸，抢走现金 7 万元。

2005 年 5 月 16 日，上午 9 时 30 分，两名歹徒在重庆市沙坪坝区汉渝路一牛肉面馆前，开枪射杀了一对刚从银行出来的夫妇并抢走皮包。

2009 年 12 月 4 日，11 时 26 分许，郭某乘车前往湖南长沙市天心区一银行取款，取完钱后欲上车时，遭到一名歹徒开枪抢劫，郭某头部中弹当场死亡，其携带的 4.5 万元现金被抢走。

2011 年 11 月 15 日，凌晨 0 时 50 分左右，潮州 29 岁的洪某到潮安大道中段某商业银行柜员机取款时遭遇驾驶一摩托车的两名男青年抢劫，洪某被刺死，其父也被歹徒刺伤。

如何预防银行取款后被抢劫

提取现金数量较大时，最好多人同行，一人注意周边情况，时时给予安全提醒，并在取款后与取款人若即若离地保持一段距离一同走出银行，这样能有效震慑歹徒，防止抢劫案件的发生。

在取款后尽量表现出平常心态。如果你表现出来与平常不同的心态，如惊慌、时不时摸钱袋等，就有可能被歹徒注意到。

在柜台上清点现金，并尽量不要让别人看到，取完钱之后不要太高调，不要在营业大厅肆无忌惮地数钱，这样“炫富”的行为，很容易被歹徒作为下手目标。取完钱之后，最好乘坐封闭式交通工具快速离开。不要把装钱的包放在自行车或电动车的车兜里。

不要用银行提供的专门袋子、废报纸、塑料袋装钱，因为这往往“暗示”别人自己携带大量现金了，很容易被歹徒跟踪、抢劫。可以选择用斜挎包装钱，取完钱之后一手护住包身，一手紧握背带，这样劫匪是很难下手的。银行门前是危险境地，尽快离开，然后直接回家，不要中途停车吃饭购物。

走近自动提款机前，先留意一下周围是否有可疑人物，取钱时最好与同伴一起前往。

最好在公共场所使用自动提款机，晚上尽量不要取款，因为犯罪分子最喜欢在黑夜和隔绝的环境中实施抢劫。

一些罪犯专门研究那些有规律使用自动提款机的人。因此，不要按确定的时间使用自动提款机，要经常改变使用自动提款机的日期和时间。

在取款时，要当心身边鬼鬼祟祟的人；离开时，要注意有没有人跟踪，特别要注意突然在路上来回穿梭的摩托车、电动车。如果发现异常情况要及时躲避。

第三节　防性侵

南非是世界上强奸案发生率最高的国家，2006 年的一项研究显示，南非平均每 17 秒钟就会发生一起强奸案。南非医学研究理事会公布的调查结果让人震惊：有 1/4 的男人承认曾经强奸妇女，1/2 的女性曾遭到强奸。2009 年一项研究发现，在南非超过 2 万例有报告的强奸案中，只有 8%的强奸者最后被定罪。2009 年，南非医学研究理事会透露，报警的强奸事件只占总数的 1/25。2011 年，南非警察接到约 6 万宗报案，但大多数强奸受害者选择保持隐忍。

印度的强奸案发生率也极高。根据印度国家犯罪记录局的数据，印度记录在案的强奸案件由 1971 年的 2487 起增至 2011 年的 24206 起，增长率为 873.3%。平均下来，每 22 分钟就会发生一起强奸案。为了提高女性的保护能力，南德里市政府对辖区内 548 所公立学校的女学生和女教师全面实施防身术训练。

强奸是一种违背被害人的意愿，使用暴力、威胁或伤害等手段，强迫被害人进行性行为的一种行为。当被害人因为酒精或药物、宗教之类的影响，而无法拒绝进行性行为时，与其发生性行为也被视为强奸。强奸是非常常见的一项犯罪，它严重摧残了女性的身心健康，破坏了正常的恋爱婚姻家庭关系，损害了社会的安全感，导致一部分受害女性的堕落。据美国国家犯罪受害者调查中心的研究显示：大约 66%的强奸受害者认识袭击者；大约 48%的受害者是被朋友或者熟人强奸的；30%是被陌生人强奸的；16%的人是被亲密的人强奸的；2%是被亲戚强奸的；4%的案件关系未知。

强奸犯可分为攻击型、淫欲型、冲动型 3 类。前两类一般都是预先谋划好的，对施暴的时间、地点、目标做了精心选择、缜密考虑，危险性较大。攻击型以暴力性质严重而较罕见，案犯仇视女性、心毒手辣，往往致受害人严重伤残，甚至杀人灭口。这种人多是受过异性侮辱、伤害或抛弃的人，为了发泄不满，寻求心理平衡，而伺机报复，歹徒往往还把报复的范围扩及社会上的其他异性，以极为残忍的暴力手段作为羞辱、贬低、征服女性，补偿个人损失的特殊方式，其强奸的目的主要是损害妇女。攻击型强奸在强奸案件中较为常见。据中国某性学研究所调查组的综合调查，在171名女性遭遇的强奸案中，有性报复动机的攻击型强奸占29.2%，是严重破坏社会秩序的不稳定因素，危害性较大。淫欲型强奸犯较常见。他们性欲强烈，以单纯追求性快感作为人生最大的幸福。与攻击型不同的是，他们在作案时的态度外强内弱，一般不采用暴力伤害女性的手段，而企图以威胁或较小暴力达到性爱的目的，尽量享受性快感。冲动型往往缘于偶然因素引起的性冲动，一般具有临时起意等特点，如某摄影师在为某女子拍婚纱照时，见其容貌姣好，竟然起了色心。随后他利用拍摄写真照片之机，将该女子强奸。这种人胆小怕事，在受到被害人反抗时就可能放弃侵害行为而逃走。

强奸案多发生在夏天，这时女性一般衣衫单薄，身体裸露相对较多，女性的身体曲线毕现，这对心术不正的人无疑是一种刺激。夏天炎热，女生夜生活时间延长，外出机会增多；夏季容易找到作案场所；夏季绿树成荫，罪犯作案后容易藏身或逃脱。夏季有的女性睡觉时不关门窗。同时，一天24小时，强奸案的发生也有规律，高发时间段是晚上7点到第二天早晨的6点，这一段时间就是整个黑夜，这个时候的性侵害案件也多，这叫双重高发，也就说8月份再加上晚上的7点到早上6点是强奸案的高发时段。

怎样防范强奸

不要与行为不检点的男性交往，以免受其诱导和潜移默化的影响。不要被男人的花言巧语和物质利益所迷惑。若发现男性的挑逗、轻浮言行，要态度鲜明，及时斥责，设法摆脱。不要传看淫秽的书刊、画册、录像，不登录淫秽网站等，特别是男人给予的。与他人传看淫秽物品的人往往思想肮脏。不要与男性一起谈论涉及色情的笑语、趣闻等，如果是与单个男性在一起时更要杜绝。

不要轻易接受男性的物品，警惕你不信任的男人为你递上的茶水、饮料，以防被其下药。与男性交往时，切勿饮酒，更不能过量，以防止酒后失身。夜间不要单身去男性家中、宿舍或办公室，如果确有必要，要有人同行或者有所戒备，更不能在单身男性家过夜。

当患病或有其他原因时，不要轻信神医、神汉、巫婆或者有特异功能的人通过做爱、隐秘部位的按摩进行所谓的治疗，那绝对是骗人的。参加招聘时，不要进行单个男人所谓的体检，小心美丽的陷阱。

公共场所穿着不要太性感，举止不要轻浮，不要浓妆艳抹，否则容易成为色狼的目标。

女性夜间出去，衣着打扮要适度，特别是不要穿不利于行走的高跟鞋和紧身裙，否则遭遇危险难以逃离。夜晚不要与陌生男人同行，外出活动时应结伴而行，夜间不要在室外长时间活动，不要到过于偏僻的角落活动；夜晚不要走无灯、无人的道路。这样，可避免不必要的案件发生。

不要随意搭乘男人的车辆，防止落入坏人圈套。

防止“约会强奸”。第一次约会时间不要太长，自己解决赴约和来回的交通，穿着要得体。在给出自己的信息时要谨慎。在深夜或是喝酒后，把一个自己不太了解的男人邀请到家里可能会给对方以错误的暗示。

单身女性在家要关好门窗，因为对于绝大多数家庭来说，门窗是坏人入室作案的唯一通道。

遇到不怀好意的男人挑逗，要及时斥责，表现出自己应有的坚定和无畏；如果碰上坏人，就大喊和逃跑。在采取上述方法之后，歹徒也许仍然会强暴你，处于这种情况，就要用武力来制止了。歹徒在施暴时是最易受到攻击之时（譬如，在他脱衣时），而受害者在必要的时候，应该判断何时是反击的最佳时机。

第四节　防抢劫

美国联邦调查局对抢劫是这样定义的：用暴力或用暴力相威胁，取得或试图取得某人或某些人所拥有、管理、掌握的有价值的任何东西。这类犯罪行为都会侵害他人的人身权利，且容易转化为凶杀、伤害、强奸等恶性案件。根据联邦调查局统计，在 1998 年共发生 446625 起抢劫案，其中个人抢劫案占到三分之二。加油站平均损失 546 美元，银行平均损失 516 美元。我们必须记住这些联邦调查局所收集的只是报案资料，不是所有犯罪都报案。

抢劫案件主要发生在夜间城郊道路、城区居民小区道路（楼梯口）、公园偏僻处等地，主要针对单独行人或恋爱男女，歹徒往往持有凶器拦路或尾随作案，也有的在停车场地伺机抢劫汽车司机。

防范抢劫的方法

①提高防范意识，尽量不要夜间单独外出，不去行人稀

少、环境阴暗、偏僻的地方（如山区树林等地）闲游、散步或谈情说爱。

②放学、下班回家途中，尽量结伴而行。发现有人跟踪或窥视，要镇静，不要露出胆怯神态，并改变原定路线，走向人多地方联系家人、亲友，情况紧急的也可直接打110报警。

③女性挎包不要单肩背，要斜挎在身上，以防犯罪分子抢包。

④外出旅行时，现金或贵重物品最好贴身携带，不要置于手提包或挎包内。不要让人知道你携有巨款或贵重物品等，以防被抢。

⑤大多数街头抢劫的发生是由一个或多个歹徒作案，他们采用最简单的方法是询问时间或一些其他问题。如果遇到问事、问路、问时间的人，你不要停步，要继续走并礼貌地拒绝。你可以说很忙。

⑥如果一个陌生人和你搭讪，你要保持警惕，他可能是抢劫犯的帮凶。在公共场所遇到乞丐强行乞讨时，可以拿点零钱给他，但不要从你的钱包里取零钱。

⑦遭遇抢劫、尤其是遇到多人抢劫，尽量不要和他搏斗。很多人受到伤害，是因为他们爱财胜过爱惜自己的生命。注意观察作案人，尽量准确记下其特征，如人数、身高、体态、衣着、语言及特殊特征等。歹徒逃离后要及时报案。

⑧带上一个旧的钱包或皮夹子，里面装着几张纸币形状的纸，上面放一张面值较小的钞票。将这个旧钱包放在显眼之处。没有一个抢劫者会在附近停上很长时间来查看他从你那儿抢到了多少钱。

第五节　防入室抢劫

在美国，2012 年每 40 个家庭中就有一个成为入室抢劫的目标。入室抢劫者采用的伎俩花样众多，三分之一的入室抢劫变成了暴力攻击，常常导致强奸、虐待，甚至是谋杀。入室抢劫可能会造成难以挽回的损失，所以学习必要的防御和抵抗技巧是十分重要的事情。

入室抢劫一般是由偷盗财物的意图促成的，绑架的事情也很少发生。将一个私人住户作为目标要比抢劫商业机构安全得多。与抢劫商店不一样，入室抢劫不太可能被巡逻的警察或进入事发地的行人打断。一旦劫匪控制了住宅，他们就会强迫受害人打开保险箱、指出藏匿的钱财、交出汽车的钥匙，并说出银行卡的密码。入室抢劫者会设法延长他们的逃离时间，比如抢掉手机、弄坏电话，有时也会捆住房主或将其打成重伤。劫匪将贵重物品装上居住者的车，然后开车逃离，却没有引起邻居的注意，这种事发生过很多。

对于入室抢劫，没有标准单一的应对策略。有些物品会帮到你，但最终取决于你个人的选择，而你的选择所依据的是你个人的自卫能力以及对眼前危险程度的评估。但如果你还记得保全生命才是目标的话，你就可以选择忍受。

入室抢劫多发生在居民住宅、农民出租房内或街边店内、厂矿企业内。其常用的手段有敲门、假装推销商品、推销保险、查水电、送邮件等进入住宅，也有采用爬窗、撬门等入室手段的。许多入室抢劫案是由入室盗窃案转化的，比如在夜间偷盗时，居住者被惊醒发现盗贼，或者在白天撬门入室盗窃时，居住者回家与盗贼刚好撞见，都有可能由偷盗转化为抢劫。从案犯角度分析，其初始主观意图是想获得财物，并不想伤害居住者，即抢劫并不是案犯的初始想法。但在作案环境发生改变的情况下，往往会为了巩固自己已经取得的财物或者防止自己被抓获和伤害而对居住者实施暴力。

1. 防止歹徒进入房间

①你的电话号码、家庭地址或家人情况不要随意告诉你不相信的人；回到家后，要关好门窗。有人按门铃、敲门，先从猫眼观察，并问清楚对方的身份情况再开门，不要随便开门；如果来人自称是你家庭其他成员的同学、同事、朋友，你就对他说："对不起，我不认识你，你打电话与他联系吧。"不给他开门。只有家庭成员给你打电话，证实对方的确是自己的熟人后才可以开门。

②不法分子一般谎称是修水电、管道、抄水表、做保险、某公司的问卷调查员之类骗你开门。不法分子进入居室后一般先盘问什么人在家，确认家中没有别人时，便掏出凶器实施抢劫。鉴于此，遇有陌生人敲门时，一定要警觉，严加查问，独身一人在家时尽量不给陌生人开门。一般小区内查水表、电表等事宜都会张贴通知，或由专人负责。另外，如有人上门维修电器等，一定要求其出示身份证明，必要时可拨打其公司电话加以确认。不要让人以任何借口叫开房门而造成人身伤害或财产损失。对待上门化缘的出家人，也不要开门。在这种情况下，你可以明白告诉他：我们家没钱募捐。

③平时，不知根知底的人，不能随便往家里带。无论是白天还是夜晚，都不要忘记关好门窗，尤其是炎热时节，同时要处理好邻里关系，遇事相互照料、互相帮助。

④当你在上下楼之间、楼梯口或院子门口遇到陌生人时，要提高警惕，勿与陌生人同进楼，必要时，主动询问，防止歹徒突然袭击。夜间单独回家，开门前要警觉，防止不法分子尾随入室抢劫。

2. 歹徒已进入房间

在目标尾随以及他们的日常活动路线被歹徒详细了解之后，攻击就可以开始了。有时全副武装的入室抢劫者会直接将门踹开，强行进入居室，然后对付室内发现的任何人，但这种情况很少发生。他们会使用各种诡计让你打开门。

若不法分子已经进屋，要保持镇静，尽量不要与其发生正面冲突，想办法将不法分子引到室外，如有机会也可以迅速躲进另一房间，锁好门并向窗外呼救，有条件时迅速拨打110报警。

如果无法逃离，你应当做一次即时威胁评估，他（他们）为什么进入房间？他们想伤害我的家人或我吗？我能打败这个人以便让他们屈服或者使我逃离吗？搏斗或顺从，取决于你做的威胁评估。

如果你决定抵抗，那就快速猛击歹徒的鼻子、眼睛或咽喉。当不法分子受击迟滞或昏过去的时候马上逃离。但是，如果你的身体条件无法进行有效打击的话，冒险抵抗也许会为你招致更大的灾难，特别是不法分子带着武器而你赤手空拳时更不要冒险。有可能的话给些钱财让他们离开。永远不要为了钱财而不顾自己的生命。

3. 遭遇暴力

入室抢劫者的常用手法就是瞬间控制居住者，根本不会顾及居住者的年龄。一旦闯入你家，他们就变得具有攻击性和危险性。入室抢劫最可怕的暴力发生在最初 1 分钟，如果能让居住者感到恐惧，那就有了一个成功的开端。除武器外，入室抢劫者常常携带着绳子、胶带等将居住者捆绑住。大多数情况是入室者会选择一名家庭成员进行殴打，目的是让所有居住者绝对服从。如果发生这样的事情时，挨打者不要直视攻击你的人，或者与他们交谈、争论，自己要表现得没有威胁，以消除歹徒最初的狂暴与兴奋。遭受攻击时，应该将把身子蜷缩成一团，用双臂遮护头面部。假装自己伤势严重，甚至还可以装作昏死过去。

劫匪可能会将家庭成员分关到不同的房间，对居住者进行心理控制。这时，居住者要让入室抢劫者相信他们已经成功地取得了统治和控制地位。这样既可以限制身体暴力，还会让你得到更多的时间和逃脱机会。

虽然受到殴打或看到自己的亲人受到殴打会让你难受，但现在是保持警觉和收集可以用来反抗劫匪信息的时候。在你制订生存计划并最终逃脱的时候，这种信息很有价值。你可以发挥聪明才智来哄骗劫匪，为自己赢得逃脱的机会。

第六节　防劫持汽车

劫持汽车是指强行窃取一辆正在使用的汽车，这类案件越来越多。有些劫车案是非常恶劣的，并且有时攻击、劫持、杀人灭口是整个案件的组成部分。劫车一般发生在十字路口，或大型商业停车场，在受害人进车或下车之时。根据美国联邦调查局的信息，75%的劫车事件中抢劫者会使用武器，主要是枪支或刀。

2001 年 7 月 11 日，一辆奔驰 S280 轿车与司机一起在北京朝阳区神秘失踪；当年 7 月 24 日，另一辆奔驰和司机在海淀失踪，10 天后司机王某的尸体在密云被发现。2002 年 5 月 13 日，马某与其驾驶的奔驰 S320 在朝阳失踪，次日马某尸体被发现。2002 年 3 月，某公司司机胡某和崭新的奥迪 A6 轿车神秘失踪，3 月 27 日，密云县巨各庄镇村民发现了胡某的尸体，而同时失踪的轿车却没有任何消息。2003 年 3 月 5 日，一名女子驾驶奔驰 S320 开进停车场时遭人驾车尾随后劫持，3 月 27 日，被劫奔驰女司机的尸体在河北承德被发现。2003 年 4 月 7 日，邬某和一辆奔驰 S320 在丰台某小区失踪。有目击者反映，失踪的奔驰车进小区时，后面同样尾随着一辆白色轿车。侦查人员根据该白色轿车顺藤摸瓜，抓捕了三名案犯——李某、程某和王某。据案犯交代他们三人两年内连续抢劫 6 辆豪华轿车，涉案金额高达 700 多万元。3 名嫌疑人还交代了在北京、东北等地盗窃 11 辆桑塔纳 2000 型轿车的事实。他们 3 人有明确的分工，李某负责寻找目标，程某负责杀人，王某负责销赃。作案时驾车在三、四环沿线寻找到目标后便跟踪着，时机成熟时便持枪劫车，再将事主劫持到僻静处采用电线勒颈的方法将其杀害，抛尸。抢来的车全部卖给东北做生意的。

如何预防歹徒抢劫，自卫专家认为驾驶员首先应了解一些歹徒作案的特点，然后采取相应的防范对策，才是预防歹徒抢劫的有效途径。

在以下地方时要特别警惕：

①自动柜员机——劫车者可以同时抢到钱和车。②加油站——劫车者可以抢到一辆加满油的车。③犯罪频发地区。

④人迹罕至的的道路（农村）。⑤你必须停车的十字路口。⑥停车场中的孤立区域。⑦住宅的车道和大门口。⑧高速公路出口和入口的匝道。

1．劫匪劫车的策略

学习劫匪使用的策略会帮助你决定应当采取什么防御措施来避开他们。

故意撞车。劫车者使用的一个策略是从后面撞你的车，尤其会用在僻静之处的道路上。遇到此类事故，通常你都会停下车，与撞车者理论或商量修车事宜。不过，如果你看出撞车似乎是故意而为之，就要慎重，观察坐在肇事车上的人，特别是如果你看到车上有多人。这种诡计常常由两个或更多的小伙子实施。一旦你停车，那就不妙了。如果你的直觉告诉你停车有麻烦，那就继续缓缓地开车，招手让他们尾随你，直到你可以将车停在一个更大的人员聚集的地方。开车的时候打电话告知警察所发生的事情，你是谁以及为什么你要离开现场，告诉他们你打算在哪里停车。要是你被意外撞上，对方可能跟着你，道歉、评估损坏程度。要是某人意图是伤害你，不会跟你到一个人多的地方，很可能会溜掉。

假装寻求帮助。一辆车似乎在路上发生了故障，其中一个劫车者会示意让你停车，而另外一个劫匪则佯装受伤靠近汽车。一旦你停下来欲帮助歹徒，他们就会向你扑来。再次重申，我并不是在提倡不要向那些遭遇困难的人伸出援助之手，但要根据具体情况而定。在停车提供帮助之前要谨慎，并立即打电话报警，报告情景、方位、涉及汽车的数量和受伤的情况。你可以选择等待警察来处理，而不是直接参与。如果你需要近距离观察，也要关闭车窗，锁住车门，慢慢靠近现场，但至少保持3米至5米的距离。一旦情况不妙，这会让你有充足的时间和足够的距离逃离现场。

欺骗。当一辆车与你齐头并进或闪灯时，显然是想告诉你：你的车出毛病了。他们会说在你的车后拖着一个东西，甚至会说你的车着火了。常常说一些需要即刻处理的事情，目的是让你立即在路边停车。一般情况下，说得越严重，就越离谱。因此要谨慎，并且相信你的直觉，让你保持高度警觉。

陷阱。他们跟踪你到家，并等着你将车开进私人通道，或者在关闭着大门的社区前蹲守。当你停车或等待大门开启的间隙，他们就会伏击你。在这种情况下，劫匪会从后面开车上来，拦住受害人的车。

假装警察。劫匪身穿警服，假装执行公务，伺机劫财劫车。

突袭。与你说话、打开你的车门并且把你猛地拉拽下来，有些劫匪就是这么简单粗暴。通常这不会发生在十字路口，因为这时很可能车子是在行驶中的。它可能发生在停车场，就在劫匪看到你的车子开着，但你却被短信或什么事情搞得走神的时候。

2. 被劫前的预防

永远记住：劫车者靠的是攻其不备。所以，预防首先要做到的是在高风险地区小心谨慎。即不接打电话、不要随着音乐在座位上扭动身体。此外还要锁住车门，关好车窗。

停车时，留意一下四周情况。与前车保持安全距离，在路口停车时，永远要与前车保持一个半车身距离。

如果你车窗贴膜颜色较深，也会有利于防止你的车被抢劫。这会使劫匪不能确定你的车内有几人。

上车前，要注意观察四周有无可疑的人，在确认安全的情况下再上车。上车后，要第一时间锁上车门，在车辆未启动前不要打开车窗玻璃。进车时要保持警觉，等一会儿再发你的短信，或者到别的地方接打电话。

如果有人从后面撞了你的车，或者有人试图告知你，你的车有问题，只能等到来到一个安全的公共场所再停车查看。

在为他人提供帮助时要谨慎行事。打电话报警，告知你的方位、出事车辆的车号和你看到的伤情，这样可能更安全。

如果你开车进入一个有门禁但没有保安的社区，只能使用门上的对讲机要求开门，如果你认为有被截住的可能性，那就等在街道上，直到大门打开。

路边遇到问路情况不要把车窗摇得过低，以防歹徒的手伸进来。

偏僻地方遇到警察拦车同样不要马上下车，特别是灯光不亮的地方，警察正常是在亮处设卡的，此时你可能遇到假冒警察。辨别真假警察需看两大证件：一是警官证。警官证上写有姓名、所在单位等，警察在执行公务时，必须向当事人出示警官证。二是法律文书。在执行公务的过程中，要出示并宣读法律文书（搜查令、逮捕令）。民警执法检查时，会主动出示执法证件，亮明自己的身份；在进行处罚时，都有严格规范的收据。而假警察不会出示证件，在罚款时也不开收据。

3. **被劫时的策略**

大多数的劫车，劫匪只对车辆感兴趣。多数情况下，放弃你的车是绝对正确的选择。这样做时，你要：①仔细听好所有的命令；②不要突然移动，以免劫匪以为你要反抗；③解开你的安全带，以免劫匪将你捆在座位上；④总是将手放在劫匪的视线之内，做每一个动作都要事先告知劫匪；⑤告诉劫匪本车安装了无法使之失效的定位设备；⑥如果车内有小孩，要让袭击者知道，劫匪的注意力也许只放在司机身上，并不知道车内有小孩。

4. 被迫驾车

在很多案例中，劫匪想要你驾车，多半是让你参与到一个更大的犯罪当中，甚至会强奸你或杀害你。如果发现自己处于此种情形之下，劫匪可能坐在副驾驶座上，或者坐在你后面，而且可能还有武器对着你。你在开车时，必须保持镇静，同时假装你已经被劫匪吓坏了。你要装作你已经惊慌失措，将车开得漂移不定，目的是让警察发现你。或者在行驶途中寻找目标撞上去，但撞击力度不要过大，一般选择店铺、边上的车辆等。出了事故，被撞的主人一定会出来理论，此时便可乘机脱险。

故意违章。在有交警的路口，可采用闯红灯、禁左路口左拐等方法引起交警注意，或故意将车子打横，故意向边上的车子擦过去。或闯停车标志，或者将车速开得比限速低很多或高很多。

引起其他车辆注意的做法

①点刹，刹车灯就会反复关闭。如果轻轻地点，只会造成刹车灯亮着，而不会降低车速。或者开着转向灯。如果是在夜晚，尝试关闭前大灯。这是给外部世界传递信号的好方式，而劫匪却不太可能注意到。

②要装病，比如抽搐，如果可能的话，还要呕吐，想办法让你变成他快速逃脱的一个障碍。如果劫匪认为你死会在车上，那就达到了目的。有些歹徒并不想在劫车之前再因过失杀人被起诉。

5. 被困后备箱

①使用行李箱逃逸或解锁钥匙，在许多新车的行李箱中都有解锁钥匙，并且在暗处会发光，一般能找到。

②尝试用换胎千斤顶、板子、钳子等金属制品打开行李箱，将它们插入行李箱和车身之间，当做一个杠杆来撬动。你也可以像顶起一辆车一样，在行李箱中利用千斤顶将行李箱顶开。

③用后备箱的扳手、千斤顶、钳子等工具砸碎车尾灯，将手伸到车外，听到有车路过就拼命挥动。

④尝试用手不断地、使劲地拉后备箱的钥匙口，将其硬生生地拽开。

6. 防劫车时的自卫格斗

当你靠在驾驶椅上，摇下窗户通风时，劫匪用枪顶住你的太阳穴。此时有两种自卫方法能够用于这种情形。先要确定车的引擎是开着的，以下就是你能够做到的：

①你应立即把头向后仰，以避开枪的射线。

②用左手紧紧抓住劫匪持枪的手腕部。

③把他的手拉拽进车窗里。

④开动汽车，仍抓住他的他的手腕。他肯定不愿意被拖拽着走，所以会挣脱离开。

⑤开车离开。

假如车的引擎是关着的：

①你应立即把头向后仰，以避开枪的射线。

②抬起左臂成“L”形，打击其持枪的手臂，迫使其暴露出他的面部。

③打击他的眼或喉。

④发动引擎开车离开。

第七节　防团伙暴力

帮派暴力是各国各大城市都存在的问题。根据美国司法部《2005 年全国帮派威胁评估报告》，美国至少有 21500 个帮派和超过 731000 个活跃的帮派成员，而且帮派成员还在增加。几乎所有的帮派团伙都有自己的地盘，在很多情况下，这些团伙成员进行的犯罪活动比其他有组织的犯罪活动还要凶残。通常，美国帮派的主要任务是非法的毒品交易。由于帮派活动，杀人成为美国 15~24 岁青年死亡的主要原因。例如，在 2009 年的芝加哥，24 小时之内有 8 名儿童和少年被与帮派有关的飞车射击所杀。

2002 年 4 月，在华盛顿特区，一位女士和她的男友正驱车到饭店就餐，他们在用手语进行交流时，另外一辆载着帮派成员的汽车也停在了同一个红绿灯前。帮派成员认为这名妇女正在传递敌对帮派的信号，于是开枪射中了她的面部。这个妇女和她的男友都是聋哑人，但都不是帮派成员。

通常，正是错误的地点和错误的时间增加了你遭遇帮派攻击的机率。事实上，大多数的凶杀是被害人的熟人干的。不过，偶尔的凶杀行为的确会发生，它们是由集团或帮派干的。因此，如果你发现自己处于帮派活动频繁的地方，最好的行动方案就是避开和逃离。

2010 年，一对游览洛杉矶的夫妇在不知道的情况下进入了帮派控制下的街区。它们忘记打开租用车辆的前大灯，帮派成员恐其是竞争歹徒要发动攻击，跑到车前，对着挡风玻璃开了10枪。

近年中国经济快速发展，但不可回避的是一些社会矛盾和问题也日益突出，也出现了很多的犯罪团伙。其基本成员多是青少年，有明显的地域性、行会性，团伙成员以外来人口和农村人口中的男性和青壮年为主，文化素质低，有低龄化趋势，未成年人参与团伙犯罪的越来越多，犯罪手段暴力化趋势明显，犯罪活动倾向于隐蔽性。一些团伙头子不断变换作案手段，往往以企业经理等合法“外衣”掩人耳目。

中国犯罪团伙排在前五位的犯罪类型依次是：盗窃、抢劫、寻衅滋事、故意伤害、强奸。可看出犯罪团伙具备较明显的暴力性。他们的作案手段比较拙劣，胆大妄为，他们作案的预谋性比较小，并没有什么精心的准备，而选择作案对象的随意性却相当大。他们选择的作案时间多以夜间、凌晨为主。这些嫌疑人一般选取单身或一男一女行走的行人和年龄较小的学生作为猎取目标。

中国的许多违法犯罪团伙成员大都在网吧内结识，并以网吧作为平时聚集的主要场所。由于他们没有固定的住所，因此团伙成员也并不很清楚歹徒的真实姓名、家庭住址、暂住地等详细情况，他们彼此之间也仅是以绰号相称，作案时的成员组成比较松散，结伙时的随意性更强。

为了有效地防止团伙暴力，这里向读者提供一些预防策略。

如果你看到一条黑暗的小巷子、一辆没有牌子的面包车、几个醉鬼或者是一群街头小混混，你应该意识到，危险可能来临。你要用心体会自己的直觉，并且相信自己的直觉。你可能永远都无法明白这种不安的感觉是否真实，但是你要重视这种感觉。

许多暴力发生在小酒馆和俱乐部即将打烊的时间，这是因为在酒馆内一直萦绕的情绪，遇到外面的新鲜空气时便爆发了。对于偶尔经过的路人，最大的危险是可能被卷入别人的打斗中，所以如果你碰巧就在附近，注意要避开。

尽可能回避一群吵闹、粗暴的酒醉者。酒精过量会麻醉大脑神经，使人处于精神亢奋状态，情绪极度不稳定，难以抑制自己的行为。有的人平时不敢犯罪，但在酒精的作用下，就可能犯罪。另外，他们可能由于夜晚没有人陪伴，要孤独地度过漫漫长夜而充满了嫉妒、愤懑并寻机打架斗殴。

如果你看到前面有一群小青年，你应该穿过街道，从街道的另一侧前进。俗话说得好：鸡多不下蛋，人多打瞎乱。现实中有一些小痞子，总喜欢寻衅滋事，欺负良善。

穿过危险地带时，应结伴而行，身上不要装过多的钱，不要携带贵重物品。

如果你发现自己已经闯入帮派聚集地，你必须表现出你只是一个过路人，不知道也不关心这些人是谁或做什么的。不要试图交朋友，也不要假装知道帮派信号或帮派黑话。而且，你不必表现出害怕或怯懦，上述任何的反应都会立即引发对抗。

如果帮派成员试图开始交谈，你要表明你只是一个过路人，要重复说比如“我必须走”这样的话。你也要对逃跑路线保持警觉，做好准备绕过一个在街角瞎转悠的团伙。根据你遭遇帮派成员的数量，逃跑可能是最好的选择，这会快速将形势降级。如果他们只是在寻找容易得手的受害人，并不会追逐，你才有机会。如果团伙成员追赶你，你要不惜一切代价使自己不被包围，或被逼入角落无路可退。团伙是以群体心理在合作，依靠人多追逐优势、追逐心态可以让一个懦夫变得胆大包天、无所顾忌。你也许是一个打架高手，但打败一群同时进攻的人是很难的。

第八节　防绑架劫持

绑架劫持的做作法历史悠久。早在中国春秋时期，诸侯国间交换人质已成为普遍做法，三国时期的魏国甚至把出征大将家属全部扣留做人质的做法列入法令；在西方，中世纪的骑士时代，将被俘的敌方骑士当作勒索或交换政治利益的筹码，几乎是理所当然的事情；在中东和意大利等地，伊斯兰暗杀团和黑手党前身也经常绑架人质。但这些人质扣押事件一般不殃及无辜。

自"9·11"事件以来，恐怖分子通过劫持平民作为人质提出政治要求的事件更是频频发生：伊拉克武装分子绑架人质要求外国军队离开伊拉克，车臣分离分子劫持平民要求俄罗斯政府就范于地方分裂。现在全世界每年有约 1 万人被劫持绑架，其中很多人遇害。

从伊拉克北部城市摩苏尔到菲律宾首都马尼拉，从墨西哥城到索马里首都摩加迪沙，绑架案在全球范围内层出不穷，被绑架的人数不断攀升，被绑架的不仅包括当地民众，也包括外国政府官员、驻外公司员工和游客。绑架目的也由过去几十年的以政治目的为主，渐渐向商业化发展。近年来，以获取赎金为主要目标的绑架事件也明显增多。这是 21 世纪一个最令人遗憾的事实，绑架人质已经形成了一个产业，年产值超过 150 亿元人民币。

菲律宾社会治安极差，绑架劫持风气更盛，游客遭劫匪绑架劫持的事件屡见不鲜。其首都马尼拉，更被称为亚洲绑架之都，外国人士容易成为被绑架劫持的对象。由于大多数受害者选择以赎金换人，因而吸引无业人员加入有组织的犯罪集团，通过绑架勒索迅速暴富。

墨西哥城也是名副其实的绑架之城，据来自墨西哥城的非政府组织法律和人权理事会统计，2012 年这个国家有 24150 人被绑架，比 2011 年的 17889 人增加了 35%，平均每天有 51 人遭到绑架。该机构的负责人路易斯称，需要指出的是，向当局正式报案的案件数量只是实际绑架案件的 1/10，因此实际上被绑架的人要多得多。上述统计数字还不包括“快速”绑架，即扣押人质时间较短就释放的案件，这在首都墨西哥城每天发生几百起。墨西哥破案率极低，而且没有死刑，绑匪作案的“风险成本”很低，因此，他们在缺钱时就上街抢劫或绑架勒索。绑架的对象随意性很大，一些无辜民众只是因为穿了件看上去比较高档的衣服，就会遭绑架，有媒体报道说，绑匪甚至连在菜市场卖水果的小贩也不放过。

1. 绑架劫持的方式

犯罪分子绑架他人主要采用强行劫持、麻醉、欺骗等手段。在选择绑架对象方面，主要有预谋绑架和随机绑架两种方式。

（1）预谋绑架

①针对富裕的人群。绑匪确定绑架对象后，一般通过尾随、蹲守的方法获取事主出行规律、爱好兴趣等方面的信息，继而采用强行劫持等手段实施绑架。

②针对网友等普通民众。采取约会的方式将网友等人诱骗

到某地实施绑架。

③针对恶意欠债、欠薪及暴力竞争的人员。一些老板长期拖欠工人的工资，由此而引发绑架逼债的案件。在这类案件中，嫌犯有的绑架了债主本人，有的则绑架了其家庭成员。

(2) 随机绑架

指绑匪在街头随机寻找绑架目标。他们选择的目标的方法有以下几种。

①以“车”择人。在酒店、歌舞厅等场所附近锁定高档车辆进行蹲守，趁车主打开车门之际进入车内实施绑架。

②路边择人。嫌犯结伙驾车在路边物色单独行走的人，伺机将其强行拖入车内，带到偏僻的地带洗劫、控制当事人，并向其家人索取赎金。

③诱骗绑架。嫌犯在车站、码头等场所，以外地资历浅薄的青年为主要目标，采取接站、介绍工作等欺骗手段将其诱骗到某地实施绑架。

2. 防范绑架攻略

①不要炫耀自己或家中如何富裕，不显露家里收藏的价值不菲的字画、古董等宝物，更不要随便带陌生人到家中“参观”。②如果你在当地是家喻户晓的富翁，你及家人最好减少单独外出的机会，不要随意透露自己或家人的生活、工作、出行计划以及行踪等情况。③不要轻易为陌生来访者开门。④注意发现自己经常活动和出入的地方有无可疑人员与迹象，因为绑架案件通常发生在被绑架对象经常活动和出入的地方。⑤不要轻信“网友”，不要随便邀约网友、刚结交的朋友到家里。不要应陌生人之约外出。如果被网友等陌生人约出，上了歹徒的车后看到里面搭乘着很多男子，感觉不对劲时，应不动声

色，装做满不在乎的样子，然后在车辆等红灯时突然开门逃离，或借口取款、上厕所等逃跑。⑥如果有人突然来找你以“你家中出事了”或“你父母生病、出车祸”等为由，要你跟他走时，应首先设法与家人联系查证，并将此事告诉你的亲朋好友或邻居。⑦独自旅行，免不了需要别人的帮助。当一个陌生人主动提出要帮助你时，你也一定不要放松警惕。与陌生人交谈，一定要有保护自己的意识：不要主动吐露自己的真情实底，不食用陌生人送给你的饮料、食品、香烟等。⑧一人外出探访亲朋好友、寻找工作时，不要轻信街头陌生人的花言巧语，防止上当受骗，遭遇绑架、强奸等犯罪侵害。⑨一人在饭店等场所就餐、休息时须小心谨慎，脱离视线的饮料忌再饮，防止被人投放麻醉药物。⑩出行乘车时要选择公交车或者正规出租车，不要为了贪图便宜或者方便，随便乘坐“黑车”或搭乘陌生人的便车，给歹徒以可乘之机。

3. 遭到绑架自救

遭绑架后应保持冷静与警觉，要有求生的信念与逃跑的准备。①在被绑架初期可趁绑匪不注意时，留下求救信号，如眼神、手势、私人物品、字条等，以引起外界注意。利用一切可能的机会，寻求他人帮助，摆脱歹徒的控制。如果绑匪疏忽，可抓住机会，伺机逃脱。②在被绑匪押运的过程中，如有可能，尽量记住沿途的地名、路名、地形地貌。如果被蒙上眼睛，要尽量将听到的线索默记在心里，比如犯罪分子的谈话内容、他们互相之间的称呼等等，到达藏匿地点后，要尽量了解藏匿地点的环境特点，与犯罪分子周旋。③到了关押地之后，绑匪绑你时，不管你被绑在柱子上或是椅子上，当他们绑你的胳膊及身体时你应该深吸一口气，将肩膀向后收，绷紧胳膊，使其顶住绑绳。想办法通过装痛的样子将胳膊叠起来。这样会留下尽量多的空隙，可将胳膊向前收缩，使绳子脱落。呼出气，肩膀向前收，胳膊收进身体里侧，在你缩紧时，绳子应该很松了。当他们绑你的手腕及手时，你应该交错移动手及手腕，慢慢地让绳子向下滑动，直到手可触及。如果位置合适，可用嘴叼开绳头或者在某些松动处将绳结松开。如果是绑在脚踝上，可用脚趾与膝盖一起移动，迫使两个脚踝彼此分开。④当绑匪殴打虐待时，要防止刺激绑匪。要装出软弱、害怕或已经被制服的样子，以麻痹绑匪。⑤主动与押解、看守你的绑匪拉家常，谈论妻子与孩子，让他想起家庭，对家庭他有一种保护意识。绑匪也是人，只是这时候他受到某种因素的驱使丧失了理智，成为了劫持歹徒。如果在短暂的接触中，利用自身特点，视其柔弱内心，倘若能晓之以情，展示自身“可怜”之处，拨动其心弦，就有可能让劫持歹徒心动而释放你。⑥掌握绑匪值班换班的规律，为以后寻找逃脱的机会做好准备；如有可能，观察周围环境，看有否可利用的脱身条件，一旦时机成熟，勇敢机智地脱离险境。⑦如果绑匪为你提供食品，尽量进食与活动，维持良好体能。⑧在特警进行解救发起攻击的瞬间，尽可能趴在地上。

第九节　防恐怖活动

恐怖主义自古希腊和古罗马时代就存在。对于恐怖分子的定义差异很大。我国于 2011 年 10 月 29 日起施行的《全国人大常委会关于加强反恐怖工作有关问题的决定》规定，恐怖活动是指以制造社会恐慌、危害公共安全或者胁迫国家机关、国际组织为目的，采取暴力、破坏、恐吓等手段，造成或者意图造成人员伤亡、重大财产损失、公共设施损坏、社会秩序混乱等严重社会危害的行为，以及煽动、资助或者以其他方式协助实施上述活动的行为。

美国联邦调查局则将“恐怖主义”定义为“出于政治或社会性目的针对人身或财产非法使用暴力以恐吓、强迫政府、民众的行为”。

政治性恐怖分子有几个目的：①灌输恐怖。②制造令人震惊的暴力。③破坏人们对政府的信赖。④引起国际媒体对他们事业的关注。

恐怖分子的常规手段：①炸弹爆炸、汽车炸弹爆炸、自杀性人体炸弹爆炸等；②手枪射击、制式步枪或冲锋枪射击等；③劫持人、车、船、飞机等；④纵火、生化袭击。

恐怖分子很大程度上受到国际活动和通讯媒体的帮助。电视将恐怖主义活动带到每个人的生活空间。

在恐怖活动中谁受到了伤害并不重要。一个主要的目的是屠杀、制造恶性伤亡事件、引起世界范围的注意。另一个目的是用杀死对手和支持某些人作为交换，以引起媒体注意，致使政策改变和流产等，建立一个讨价还价的平台。

恐怖分子对付戒备有很大优势，因为他们能够出乎意料地袭击几乎任何地方。英国恐怖主义专家波尔·威金逊说：“打击恐怖主义就像守门员。你能救起 100 个向你踢来的球，但是人们却记住了一个射入门的球。”恐怖分子都是些聪明人，他们会避开对坚固目标的袭击，而寻找一些既有意义又无防备的新目标。这样的目标被袭击后，应对其予以保护。保护的支出是巨大的。例如，机场安全被加强了，其他一些目标如商店、学校、音乐会、体育场、办公大楼等就会成为目标。产品恶意破坏是恐怖分子另外一个目标。其他目标还有原子工厂、社区自来水、危险材料商店、化工厂、政府大楼、财政机构、军事设施等。

英国《太阳报》总结出人类历史上10次最恐怖血腥的袭击事件。

2001年9月11日，发生在美国纽约和华盛顿的“9·11事件”，自杀式炸弹袭击者劫持民航客机撞向世贸中心和五角大楼，造成超过3000人死亡。

1983年10月23日，贝鲁特的美国海军陆战队兵营与另一个法国伞兵营地遭遇自杀式炸弹袭击，300人丧生。

1993年3月12日，在印度孟买连续发生了13起炸弹袭击，接着印度穆斯林还举行暴动，造成300人死亡。

1988年12月21日，一枚炸弹在美航103班机上被引爆，机上259人和地面11人因此遇难，造成震惊世人的洛克比空难事件。

1998年8月7日，“基地”组织用炸弹袭击了美国在肯尼亚首都内罗毕和坦桑尼亚港口城市达累斯萨拉姆的大使馆，共造成253人死亡。

2002年10月12日，印度尼西亚度假胜地巴厘岛上连续发生两起炸弹爆炸，酿成202人死亡的惨剧。

2004年3月11日，西班牙马德里市郊火车系统遭遇炸弹袭击。在这次恐怖袭击中，一共有191人死亡，2050人受伤。

1995年4月19日，美国俄克拉何马州一栋政府大楼遭遇炸弹袭击，共169人在事件中遇难。

1996年11月23日，劫持者强迫一架埃塞俄比亚民航班机冲进印度洋，造成127人丧命。

1999年9月13日，一枚威力强劲的炸弹将俄罗斯首都莫斯科的一个居民区摧毁，118人死亡。

近年来，暴力恐怖事件在世界各地不断发生。我们要清醒地认识到，暴力恐怖事件，可能发生在中国的任何一个地方，可能发生在任何一名中国人的身边。我们急需树立防恐防暴意识，提高防恐防暴警觉性，提高防恐防暴应变能力，防患于未然，绝不能让恐怖分子钻了空子。

识别恐怖分子的方法：①精神紧张，心事重重，行为怪异者；②衣服肥大，携带异常物品者；③在检查过程中，催促检查或态度骄横、不愿接受检查者；④冒称同乡搭讪献殷勤者；⑤频繁进出大型活动场所者；⑥反复在警戒区附近出现者；⑦疑似公安部门通缉的嫌疑人员。

识别可疑爆炸物的方法：①在不接触可疑物的前提下由外到里、由近到远、由上到下全面观察，辨别、判断可疑物品或可疑部位有无暗藏的爆炸装置；②细心倾听是否有异常声音；③嗅，如黑火药含有硫磺，会发出臭鸡蛋（硫化氢）味，自制硝铵炸药的硝酸铵会分解出明显的氨水味等。

第十节　反劫机

在20世纪60年代末到80年代初，由于国内外诸多不安定因素的存在，一些恐怖分子制造的劫机、炸机事件不断发生，导致许多无辜旅客的死伤，严重威胁了航空安全及社会安定。

国际刑警组织对300个劫机案例进行了研究，非法干扰民用航空案件中，出于政治动机者占64%，出于摆脱本国法律控制者占 16%，其余 16%则由于精神失常等其他原因。一般可以说，具有政治动机或目的劫机占了 2/3 的大多数。

1970 年 9 月 6 日，巴勒斯坦人民战线游击队在一天之内劫持了 4 架从欧洲（不同国家）飞往纽约的大型客机，即：美国泛美航空公司波音 747 型班机、从德国法兰克福机场起飞的美国环球航空公司波音 707 型班机、于苏黎世机场起飞的瑞士航空公司 DC–8 型班机和从荷兰阿姆斯特丹起飞的以色列艾尔奥尔公司的一架波音 707 型客机，共计 584 人，机组成员 49 人，并扣留了被劫持到目的地的三架客机和全部人员作为人质。这次劫机是一次有策划、有政治目的的劫机，轰动了全世界。

其后，世界上增加了许多关于反飞机劫持的法律条文，对劫机者的惩罚措施也相当严厉，但劫持飞机的数目却没有被遏制住。仅 1990 年，世界共发生劫机事件 19 起，炸机事件 1 起；致毁大型客机 4 架，伤亡旅客、机组人员近 300 人。

在“9·11”事件发生之前，航空公司主要培训飞行员合作和尝试逐步将危机形势降低。方法是让飞机失速，尽可能地赢得时间，表面尽量听从恐怖分子的指令，尽量采用拖延战术。“9·11”事件之后，航空公司做出了重大改变，采用了以挫败非法劫机为目的的新策略。从 2001 年 9 月 18 日开始，有关部门开始鼓励乘客进行反抗。因为有时即使是最顺服的、完全听从命令的被劫持者，也仍然会被恐怖分子杀死，所以老实驯服的屈从也不总是一项安全的选择。奋起反抗也许是你活下来的唯一机会。

2012 年 6 月 29 日，由新疆和田飞往乌鲁木齐的 GS7554 航班于 12 时 25 分起飞，12 时 35 分飞机上有 6 名歹徒暴力劫持飞机，随后被机组人员和乘客制服，飞机随即返航和田机场并安全着陆，6名歹徒被公安机关抓获。

1. 登记之前的安检

“9·11”事件发生后，航空业界再次反思机场安检的漏洞，其直接结果就是机场安检的全面加强。在“9·11”事件中，虽无确切证据，但普遍认为歹徒是使用了小刀一类的利器挟持并杀害了飞行员与反抗的乘客。这类物件体积不大，容易藏匿，而当时波士顿洛根机场有漏洞的安检也恰恰促成了这样的惨剧。

于是，美国国会2002年批准在国土安全部下成立了运输安全署，这一执法机构负责全美所有机场的安保事务，它被授权全面、彻底地检查每一位民航乘客的随身物品与行李。同时，对随身物品做出了更加严格的限制：所有刀具，以及斧头、锤子、撬棍、锯子、玩具枪等有威胁性的工具及打火机等火源，一律不准随身携带。总长超过4英寸（约10厘米）的剪刀也必须托运；其他无刃口的金属工具，如螺丝刀、扳手等则被限制在7英寸（约17.8厘米）内。另外，运输安全署规定，对于残疾人员，可以要求安检人员的特别协助进行安检，但过程与普通旅客相同；其轮椅、拐杖、假肢等辅助器械，也必须通过X光扫描检查方准携带登机。这些举措，极为有效地防止了劫机的发生，但仍然有漏网之鱼蒙骗了安检。2006年，英国警方挫败了一起企图用液体炸弹炸毁飞机的阴谋；2001年，理查德·里德企图用藏在鞋中的炸弹炸毁美航63次航班；2011年，乌马尔·阿卜杜勒马特拉布企图用内裤中的爆炸物炸毁西北航空253次航班。这些案件让人惊叹于歹徒无孔不入的想象力，也对各国航空管理当局提出了更严峻的挑战。相应的，运输安全署规定各机场对乘客的鞋子必须进行X光安检，对随身携带液体进行限定。同时，采用了倍受争议的毫米波雷达成像技术对乘客的身体进行扫描（一些乘客认为这种“无异于裸体”的扫描仪让他们遭到了性骚扰）。

2. 空中安全

这些安检措施也许天衣无缝，但“9·11”事件告诉我们，空中的安保同样不可或缺。相应的，各国普遍增加了客机上的保安力量。如美国运输安全署下属的联邦航空警察勤务部就是负责民航安保的专门队伍，它派出的航空警务官会混在普通乘客中乘坐客机，这些警官配有西格·绍尔 P226 手枪，并被授权在紧急情况下击毙任何企图劫机的恐怖分子。除了飞行员配枪之外，还为民航机组人员开设了“机组人员自卫训练”课程，在全美 25 个州设立了训练点，鼓励所有机组人员就近参加。这一课程包含了空手道训练及客舱内紧急自卫等内容。

在中国，香港航空公司要求所有工作人员都要接受咏春拳训练。四川西南航空职业学院也把咏春拳作为必修课程，开发了“民航反恐十八绝招”专业课题，全校所有学生都要习练咏春拳。

3. 飞机上的反恐技巧

下面就把美国著名反恐专家吉姆·瓦格纳总结的飞机上徒手反恐技巧奉献给读者。

训练环境：飞机上对付恐怖分子和劫机者的反恐训练最好的办法就是先布置好与机舱相似的环境，当然如果是在真正的机舱里进行训练的话那就更好了。首先放上几排折叠椅子，中间留下一个通道，为了让情景更逼真，可以在椅子上写上座号，再用硬纸板或者胶合板布置成机舱壁的样子，然后再专门布置出一个小的机舱，当作驾驶舱使用。

你对这样的训练也许感到别扭，但是世界上几乎所有的最高级的反恐特警队都是在相似的环境中进行训练的。在德国，他们的反恐特种部队耗资 2500 万美元，建造了飞机模型，在上面进行非实弹或者实弹演习。训练的时候再把飞机引擎的声音用录音机播放出来，这可就是一个比较真实的机舱环境了。

反击：一旦你决定开始对付恐怖分子，你就要开始“管道攻击”了——这个名词专门指那些飞机、火车或者公共汽车上的打斗。之所以要让受训者在机舱里进行模拟仿真训练，是因为这会让你早点习惯在那样狭小的环境里如何制服歹徒。下面就是我要告诉你们的 10 种招法和策略。

①直线踢击：因为飞机座椅阻碍了人的行动，使人难以施展旋风腿、侧踢等很多腿法，因而直线踢腿是非常有效的一招。前蹬踢可以攻击歹徒骨盆、裆部或大腿以上等部位。

②膝关节冲撞：由于空间的限制，在近身缠斗时，以膝关节撞击歹徒也是非常有效的招法。膝关节作为人体中最强大的关节，提膝反击具有强大的冲击力，在特定情况下是反击攻击者裆部的主要武器。用膝关节朝歹徒裆部实施打击，可使歹徒立即失去再战能力。

③各种手法攻击：在飞机上对付恐怖分子用双手攻击最为实用。可用手指戳其眼睛，用摆拳猛砸歹徒面部。如果恐怖分子想要阻止你，你就再用肘部痛击他。

④用于防守的物件：如果劫机者手持刀子，那就拿起外衣、手提包或者笔记本电脑用力砸他的脸部，千万不要惊慌失措。在歹徒进行防守的时候，找准机会用别的招术实施攻击。

⑤攻其要害：由于劫机者都是极其危险的歹徒，因而你始终要攻击那些易于够得到且一旦受到打击就会令其斗志大减的

要害部位，如眼睛、鼻子、喉部和腹股沟等。

⑥利用椅子：你可以靠在椅子上踢腿，还可以将恐怖分子逼到一排椅子中间再不断地猛踢。若有人把劫机者逼到你椅子前面的话，你就可以在后面扼住其脖颈，然后让别的乘客帮助攻击他。

⑦利用环境：尽管机舱内空间狭小，但是你可以利用环境制服劫机者。用衣服突然蒙住恐怖分子的头部，或者用咖啡杯子砸他的头部。

⑧临时武器：尽管在飞机上携带武器是违法的，但是，有许多东西可以供你选择。当你的手中有一本杂志时，你可以将它卷起来，将它当成一根短棍来攻击歹徒。你可以将一把钥匙握在食指和中指之间，让钥匙梢部露出数公分，以此戳击歹徒面部。中性笔或铅笔也具有相似的功效，用笔尖戳击歹徒脖子、太阳穴或眼睛也会是一项杀伤力极强的技术。一瓶罐头可以猛砸歹徒；沙漏里的沙子可以当作迷人眼睛的武器；等等。你可以将硬币、手纸、食物投掷出去，暂时分散歹徒的注意力，在这短暂的一刹那，你就可以实施后续攻击了，可以用拳脚猛击或者趁机找到更加有利的物件去攻击他。

⑨声音轰炸：士兵攻击敌人时总要怒吼一声，当你攻击劫机者时也要用上这一招。吼叫，一是给歹徒一个威慑，能使其心慌意乱；二是激励斗志，使自己愤怒。

⑩善始善终：将恐怖分子制服后，一切还没有结束。一个倒下的劫机者依然具有潜在的威胁，他可能会趁人不注意的时候实施某种自救行动，他的身上也许还藏着炸药或者一小瓶自杀用的剧毒。胜利常常会让人丧失警惕性，所以这个时候还不是解除危险的时候。

第十一节 防恶性枪击事件

美国也许是发生恶性枪击事件最多的国家。美国私人拥有枪支数量世界第一，枪支泛滥，几乎年年都有重大枪击事件发生，2012 年美国恶性枪击事件更是层出不穷。2012 年 2 月 27 日，美国俄亥俄州校园发生枪击案，造成 3 人死亡，死者均为学生。4 月 2 日，美国加利福尼亚州奥克兰市奥依克斯大学发生校园枪击案，造成至少 7 人死亡，3 人受伤。4 月 8 日，纽约市布鲁克林发生激烈枪战。4 月 9 日，美国明尼苏达州托儿所发生枪杀案，造成 3 名成年人死亡。4 月 11 日，美国南加州大学发生枪杀案，两名中国留学生遭枪杀。4 月 17 日，美国德克萨斯州爆发枪击案，一名妇女遭枪击死亡。5 月 30 日，美国西雅图地区一家咖啡馆发生枪击案，造成 3 人死亡，2 人严重受伤。7 月 20 日，美国丹佛市举行《蝙蝠侠前传 3：黑暗骑士崛起》的首映现场发生枪击事件，凶手闯进一家电影院，毫无顾忌地向观众扫射，电影院内近 80 名观众逾八成伤亡，50 多人受伤。8 月 5 日，威斯康星州奥克里克一座锡克教寺庙内，发生枪击事件，造成 7 人死亡，多人受伤。8 月 24 日上午 9 点左右，美国纽约市帝国大厦外发生一起枪击案，造成 2 人死亡，至少 8 人受伤，死者中包括枪手本人。

中国的枪击事件也时有发生。2011 年 3 月 28 日凌晨两点左右，广东惠来县发生枪击案，多名暴徒持霰弹枪，当街向人群扫射，造成 1 人死亡，5 人受伤。

1. 识别恐怖分子

来到公共场所或者挤在人群中时，要环视你周围的人。如果你在逛商场，要警惕似乎与普通购物者的行为举止不同的人，以及携带大帆布口袋之类的大包的人，或者穿着不合时令的厚重衣服的人。要警惕似乎特别紧张或正在流汗的人。警惕穿着似乎与该场合不搭调的军靴或军装的人。有很多次，这些枪手想象他们是军人。

2. 防枪击

遇到枪击时，快速寻找掩蔽物掩护自己。选择较为坚硬不易被子弹穿透的掩蔽物，如墙体、立柱、大树干、大型铁制垃圾箱，汽车前部发动机及轮胎等。使恐怖分子在第一时间难以发现，为逃生提供时间。在商场遇到枪击时，立即降低身体姿势，利用柜台掩护，迅速向紧急出口撤离；来不及撤离就近趴下、蹲下或隐蔽于掩蔽物后等待救援；在宾馆、饭店或娱乐场所遭遇枪击案要快速趴下或蹲下，隐蔽于桌子、沙发、吧台、立柱等的后面，及时拨打 110 报警。在公交车上遇到枪击时，立即低头隐蔽于座椅后或蹲下、趴下，及时拨打 110 报警。在不明情况时，不要下车。确定枪击方位后，下车沿着枪击相反方向，利用车体做掩护快速逃离。在地铁上遇到枪击时，立即蹲下，尽可能背靠车体。通过每节车厢紧急报警按钮进行报警或拨打 110 报警。判明情况后，快速逃离到较为安全的车厢内。等车到站后，迅速下车逃离，注意在车门和出站口避免发生踩踏事故。

第十二节　防刀斧劈杀

近几年，只要你留意一下报纸或网络，就会发现一个社会现象，很多恐怖分子和报复社会的暴徒频频使用刀具在公众场合肆意砍杀无辜民众。

2013 年 5 月 4 日 2 点 20 分，北京广渠门桥附近发生一起凶案，一名 30 多岁的男子因失恋报复社会，持刀捅伤无辜群众 3 人，导致其中 2 人不治身亡。

2013 年 7 月 23 日中午 11 点 40 分左右，北京西城区马连道家乐福超市内，一男子购买菜刀后，转身连续砍杀 4 人。在抢救过程中，一名中年女性不幸身亡。

2013 年 8 月 19 日下午 3 点 05 分，河南省安阳市一辆安阳市区至安阳县北郭乡的公交车上发生一起持刀抢劫杀人案。犯罪嫌疑人持刀捅伤 15 人，其中 2 人在救治途中死亡，一名伤者经抢救无效死亡。

2013 年 8 月 25 日晚 9 时许，在成都市一环路北四段发生一起伤人案件。民警在鸣枪警告无效的情况下，开枪击伤犯罪嫌疑人并将其抓获。该案共 15 名群众受伤，4 人因伤重抢救无效死亡。

2014 年 5 月 21 日，台湾东海大学环工系 2 年级学生郑捷，突然持刀往返 3 个车厢疯狂砍杀乘客，对象不分男女老幼，酿成 4 死、22 伤惨剧。

可以说，在这些已知事件中，他们的杀人企图是相似的。他们的犯罪动机可能是仇杀、报复社会或者心理变态，因此应保持警惕，因为杀手可能是任何人，会从任何地方冒出来。这就是为什么说安全意识永远是第一道防线的原因。

遇到刀斧砍杀恐怖袭击的自卫方法：

看到有人手持刀具行凶时，不要停留观看，丢弃携带的笨重物品，迅速跑开，远离手持刀具的人，并拨打报警电话。当歹徒持刀向你砍杀时，利用身边的建筑物、树木、交通工具、围栏、柜台等物体进行阻挡躲避歹徒砍杀，与其拉开距离。在难以逃脱或躲避时，可利用随身携带物品（书本、手提包、杯子、衣服、皮带、雨伞等）和随手能够拿到的物品（木棍、拖把、凳子、沙子、石块、砖头和灭火器等）进行奋力抵抗。

徒手对付持刀歹徒的要诀在后面单列详述。

第十三节　防汽车冲撞

随着社会的迅速发展和人民生活水平的不断提高，汽车的产量、社会对汽车的需求量越来越大，但是，交通事故也越来越多。据德国《图片报》2014 年 4 月 11 日报道，联合国的最新统计数据显示，全世界每年因交通事故死亡的人数超过了 100 万。报道称，2010 年全球因交通事故死亡的人共计 124 万人，其中行人就多达 27 万人，此外，每天因交通事故死亡的中小学生超过 2000 人。联合国担心，这一数字会在 2015 年翻一番。据悉，从各地区的情况来看，欧洲最为安全，而非洲的街头则最危险。统计显示，80%以上导致死亡的事故都发生在相对贫困的国家，这些国家的人口总数占世界的 72%，但交通工具的数量却仅为世界的一半。

现在，很多国家的恐怖分子及暴徒都将汽车当成他们的杀人凶器，有的利用汽车实施恐怖活动；有的利用汽车撞死仇家；有的利用汽车在大街上横冲直撞，肆无忌惮地撞压无辜路人以报复社会。

2005 年 9 月 11 日，31 岁的河南来京农民工艾绪强为报复社会，抢劫杀害司机，然后开着抢来的车在北京王府井步行街冲撞人群。先后将 9 名行人撞倒，其中致死 3 人、致伤 6 人。

2008 年 11 月 5 日 17 时许，在广东省珠海市斗门区白蕉镇城东中学，一辆卡车冲向正在放学的学生，造成 5 人死亡，19 人受伤。卡车司机骆某被公安人员当场击毙。珠海驾车撞人事件司机因厌世报复社会作案。

2010 年 2 月 1 日上午 8 时许，天津港保税区天保运业有限公司副调度员张某（男，40 岁）因与调度员李某发生争吵、纠纷，持匕首将李某捅伤，后劫持该单位大客车，突然驶出。在开发区内的道路上连续撞击路人，致 9 人死亡，11 人受伤。

2012 年 12 月 24 日中午 12 点 07 分，河北丰宁满族自治县第一中学门前，一男子驾驶一辆黑色吉利轿车撞倒多名放学回家的学生。23 人送医，其中 13 人住院治疗，3 人伤势较重。

2014 年 4 月 28 日中午，37 岁的犯罪嫌疑人林某新（汉族，37 岁，福州长乐人），因婚姻问题，情绪失控，驾车从福建省闽侯县青口镇往尚干镇方向，沿奔驰大道行驶，连续撞人，当场致 6 人死亡（其中 3 名儿童），13 人受伤。

2014 年 7 月 24 日上午 10 时 3 分许，昆明市区一车辆故意冲撞行人致 9 人受伤。30 岁的犯罪嫌疑人刘某某驾车撞人是因为久病治疗未愈，产生厌世情绪，报复社会。

那么，我们如何防止被车撞呢?

首先，最好的防御武器就是你的警惕性。在公共场所，如果你发现有人吵架后上车，有人怒气冲冲上车，要格外小心，要远远地避开他们所开车辆。在出行时，你要观察周边的车辆，努力预判司机下一步的动作。遇到车辆猛冲过来，要迅速向两侧闪避，躲开冲撞碾轧车辆。

第十四节　防纵火

近几年，用纵火形式报复他人的案件逐渐增多，一些恐怖分子也利用纵火的方式报复社会。这些纵火案件虽然各有各的特点，但其共同点都是造成了人员伤亡、财产损失，给人们正常的工作、生活秩序投下了阴影。

2003 年 2 月 18 日，韩国大邱市地铁中央路站发生火灾，造成 198 人死亡，146 人受伤，298 人失踪。经调查，火灾是由一金姓男子放火所致。

浙江温岭市犯罪嫌疑人林某因与网店股东刘某产生个人矛盾，于 2013 年 2 月 23 日凌晨引燃网店民房后的货物，最终酿成 8 人死亡、17 人受伤的惨剧。

遭遇纵火袭击的逃生方法

公共汽车上遇到纵火恐怖袭击：当发动机着火后，应迅速从车门下车，用车上的灭火器灭火；在灭火时，重点保护油箱部位；若中间部位着火，从两头车门有秩序地下车；如果火焰堵住了车门，用上衣蒙住头部，快速冲过车门；如果车门开启不了，应砸开车窗跳车；如果衣服着火，应迅速脱下衣服，将火踏灭；或者请别人帮助用厚重的衣物捂灭火苗。

列车上遇到纵火恐怖袭击：要听从列车人员指挥，不要盲目地乱挤乱撞；从车厢前后门逃离；可砸碎窗户的玻璃，跳窗逃离。身上着火，千万不要奔跑，可就地打滚或用厚重衣物压灭火苗。

地下商场中遇到纵火恐怖袭击：从疏散通道和安全出口迅速撤离到地面及其他安全区；如果火势较小，可尽力将其扑灭，如一时难以灭火，应迅速逃离现场；逃离时，俯身弯腰前进，不要做深呼吸，可能的情况下用湿衣服或毛巾捂住口鼻，防止烟雾进入呼吸道；如果安全出口被大火封住，可躲入房间，用湿衣服等将门缝塞紧，等待救援。

高层建筑物中遇到纵火恐怖袭击：保持冷静，不能慌乱或乱跑乱撞；若火势很大，温度很高，应关闭房内所有门窗，用衣物、床单等堵塞门缝，并泼水降温，同时打电话报警；下楼时尽量不要乘电梯，防止电梯断电而被困，另外，在电梯里随时会被浓烟熏呛而窒息；高层建筑火灾中不可到床底下和衣柜内躲避，这些地方既危险，又不易被营救者找到；利用楼梯、阳台、通廊、安全绳等进行逃生；将房间内的床单、被罩、衣物、窗帘等物品连接成绳索进行逃生。在无法逃离且房间无法避难时，也不要轻易做出跳楼的决定，此时可扒住阳台或窗台翻出窗外，等待救援。

公共娱乐场所遇到纵火恐怖袭击：沉着冷静，从安全出口迅速逃生；如所在的楼层底层着火，可直接从门窗跳出；若所在的二楼着火，可抓住窗口滑下来；如娱乐场所设在高层楼房或地下建筑中，则应参照高层建筑或地下建筑的火灾逃离方法；如果舞厅安全通道被大火和浓烟封住，被困人员可暂时逃向火势较小之地，向外面求救，等待救援；逃离时，俯身弯腰前进，不要做深呼吸，可能的情况下用湿衣服或毛巾捂住口鼻，防止烟雾进入呼吸道。

在地铁内遇到纵火恐怖袭击：保持冷静，用手机拨打 119 报警，也可按车厢内的紧急报警按钮，火势较小时用车厢内灭火器灭火自救；如果火势较大，逃到相对安全的车厢，关闭车厢门，防止火势蔓延，为逃生赢得时间；列车到站时，听从工作人员指挥逃离；若车门打不开，可利用身边的物件击打破门，同时用浸湿的衣物保护头部和身体，捂住口鼻，弯腰低姿前行。如果衣服着火，应迅速脱下衣服，将火踏灭，或者请别人帮助用厚重的衣物捂灭火苗。

第十五节　防生化恐怖袭击

1995年3月25日，日本臭名昭著的邪教组织奥姆真理教在东京地铁三条线路的列车内散布沙林毒气，造成12人死亡，约5500人中毒，1036人住院治疗，一些中毒较重者虽经抢救得以保住性命，但却落下了终身疾患。

2003年1月7日，英国伦敦警方查获了较大数量的毒素战剂“蓖麻毒素”及其生产原料、设备，据说携带这些毒素的恐怖分子还受到基地组织的资助和训练。2003年2月8日，俄罗斯国防部长称，目前在车臣的潘杰西峡谷有一个“国际化学恐怖分子训练营地”，在英国被捕的恐怖分子就在该营地接受过训练。美国联邦调查局提供的数据也表明：1997年发生有17例生物恐怖威胁，1998年有112例、1999年有187例、2000年超过了115例，这些统计数据呈逐年上升趋势。这些生物化学恐怖活动动向和情报信息向我们敲响了警钟，恐怖分子进行大规模生化恐怖袭击的威胁愈来愈具备迫切性，必须引起我们的警惕和重视。

1. 早期征兆

生物毒素或化学毒剂被发现得越早，你逃生的机会就越大。为了探测到生化袭击，你需要留心环境中怪异的东西。

进入大楼或公共交通工具的打扮与众不同的人，比如走进运动场或地铁车厢，在夏天还穿着长袖衫或大衣。如果你看到某人戴有防毒面具，尤其是出现在人群密集的地方，那么，这个人可能就是毒素播撒者。如果他的防毒面具已经戴好，很可能毒素已经释放了出来，你应迅速离开此地，并及时报警，请求救助。

有一种气味似乎不是某个地方该有的，但并不一定是恶臭。当你闻到大蒜味、辛辣味、杏仁味、草味等气味，就应该引起注意。

突然发现大量的鸟、鱼或小动物死亡。出现了与天气无关的低垂的云彩或彩色的烟雾。天空中尘土密布，但飘浮的样子很不正常。

突然皮肤有烧蚀感、眼睛刺激、恶心呕吐、呼吸困难、惊厥、皮疹等。这表明生化袭击已经开始了。

现场出现了遗弃的防毒面具，桶、罐，装有液体的塑料袋等，就应该引起警觉。

2. 保护自己并逃离

要向上风方向跑，要最大限度地减少在污染区内滞留的时间。

就近采取一些简易防护措施，比如用衣服、毛巾等捂住口鼻处，避免或减少毒物的分割侵袭和吸入，用水将这些衣物蘸湿防护效果会更好，如果身边没有水源，可以用自身小便将物品打湿进行迅速防护。

如果在密闭的空间中，要迅速卧倒，因为毒气分子一般要比空气轻，所以人在相对低的位置受到的伤害会更小。

3. 离开险境后要清除污染

立即脱掉衣服。要把衣服拉下来扔掉，不要向上掀起掠过你的头部，因为此种动作将会导致你眼睛、鼻子和嘴被衣服上的残留物污染。衣服脱掉后立即将其装进塑料袋封住。

清洗。你需要找到喷泉、水龙头或水池。如果在室内，使用肥皂和冷水彻底清洗自己的身体，不过动作要轻，不能猛擦，以免让你皮肤上的毛孔张开而受到污染。

如果你找不到水，也可用爽身粉、面粉来干洗和吸收毒剂。将干洗剂涂遍全身，保持 30 秒。然后用布或纱布等柔软物将干洗剂擦拭掉。如果在野外，泥巴也可用作清洁剂。但泥巴需从表面 3.5 米以下取得。将泥巴涂遍全身，任由其变硬，让它将皮肤外层的毒剂吸收掉。但要记住去掉泥巴的动作要轻，不要猛烈地擦洗你的皮肤，避免毒素渗入皮肤。

尽快寻求医疗救治。

第十六节　防爆炸恐怖袭击

爆炸袭击是恐怖活动中最常见和危害最大的一种方式，其不仅会造成大量的人员伤亡和财产损失，危害公共安全，而且极易引起社会混乱和平民的恐慌心理，直接影响社会的稳定和经济的发展。恐怖性爆炸主要有自杀性恐怖爆炸、交通工具上的恐怖性爆炸、特定建筑物的恐怖性爆炸、制造混乱的恐怖性爆炸等几种类型。近年来，恐怖主义组织蔓延到各大洲，恐怖主义爆炸活动席卷全球。2003 年，恐怖主义爆炸活动异常突出，据美国有线电视新闻网统计：5 月 12 日，汽车炸弹袭击沙特利雅得一外国人居住区，35人死亡，其中有9名美国人。5月12日，卡车炸弹袭击车臣格罗兹尼北部一处政府大楼，60人死亡。5月16日，汽车炸弹和人体炸弹在摩洛哥卡萨布兰卡制造5起连环爆炸案，包括12名爆炸实施者在内，共有45人死亡，60多人受伤。7月5日，在莫斯科西北郊图什诺机场举行的音乐会上，两名车臣妇女引爆自杀炸弹，15人死亡。8月1日，卡车炸弹袭击车臣野战医院，50人死亡。8月5日，印度尼西亚雅加达万豪酒店被恐怖分子用手机遥控的汽车炸弹袭击，至少造成10人死亡。8月19日，卡车炸弹袭击联合国驻伊拉克办事机构总部，造成22人死亡，其中包括联合国驻伊特使德梅洛。8月25日，恐怖分子驾驶炸弹汽车在印度孟买制造连环爆炸案，至少52人死亡。8月29日，汽车炸弹袭击伊拉克纳杰夫阿里清真寺，包括什叶派宗教领袖哈基姆在内的83人丧生。10月27日，自杀袭击者在巴格达袭击国际红十字会驻伊办公大楼和3个警局，造成至少35人死亡。11月9日，沙特首都利雅得一外国人住宅区遭自杀炸弹袭击，至少18人死亡。11月12日，汽车炸弹袭击伊拉克纳西里耶意大利联军司令部，造成18名意大利人和9名伊拉克人死亡。11月15日，土耳其两座犹太教堂爆炸，至少造成23人死亡。特大恐怖主义爆炸案件呈明显上升势头，给世界人民造成了极大的心灵创伤和生命、财产的损失。

恐怖分子使用的爆炸物品，包括炸弹、手榴弹、地雷、炸药（包括黄色炸药、黑色炸药和化学炸药）、雷管、导火索、雷汞、雷银等起爆器材和自制的爆炸装置（如炸药包、炸药瓶、炸药罐等）。实施爆炸的方式方法很多：有的在室内安装炸药包，在室内或者室外引爆；有的将爆炸物直接投入室内爆炸，有的利用技术手段，使锅炉、设备发生爆炸；有的使用液化气爆炸；有的将炸弹藏匿于行李、包裹、食品、手提包及各种日用品之中实施爆炸。实施爆炸地点主要是在人群集中或者财产集中的公共场所、交通线等处，一般将爆炸物放在船只、飞机、汽车、火车上定时爆炸，在商场、车站、影剧院、街道、群众集会地方制造爆炸事件。

各国政府及其有关机构在追踪恐怖组织方面成效显著，而且处理了很多恐怖分子，避免了许多伤亡事件发生，尽管如此，爆炸事件还是频频发生。爆炸事件通常是经过严密组织的，而且炸弹往往在引爆者远离现场后才爆炸。每位公民都有防爆责任，应该提高警惕，并且向有关部门汇报任何可疑情况。

①发现任何可能装有炸弹的包裹或可能与爆炸事件有关的活动立即报警。

②不要惊慌或使他人惊慌。有序撤离，不要互相拥挤，以免发生踩踏造成伤亡。

③不要碰疑似的炸弹装置，它可能有间接引爆装置。

④如果发现有人把包裹留在人群聚集之地，试着提醒他带走包裹。

⑤如果那个人跑掉，记住其特征并协助警方调查。

如果炸弹爆炸

如果炸弹已经引爆，你正好在炸弹爆炸发生地附近，应第一时间迅速就近隐蔽或者卧倒，用手抱住头部，两腿交叉，张开嘴，以防止爆炸产生的震动和冲击波损伤你的肺部和耳鼓。在有序撤离逃生时，寻找安全出口，迅速有序远离爆炸现场，防止乱穿乱挤，造成踩踏事故。寻找简易防护物，如衣服、毛巾、纸巾等捂住口鼻，采用低姿势撤离。视线模糊时手摸墙壁撤离。受到火灾威胁时，要注意朝明亮处、迎着新鲜空气跑。身上着火，千万不要奔跑，可就地打滚或用厚重衣物压灭火苗。不要因顾及贵重物品而浪费逃生时间。

第十七节　防汽车炸弹

采用汽车炸弹来杀人已经有 100 多年的历史了，在阿富汗和伊拉克达到了空前的程度和效力。今天，汽车炸弹是造成成千上万人死亡的罪魁祸首，包括许多军人，这是令人遗憾的。在阿富汗和伊拉克的美军死亡人员中，超过 60%是由汽车炸弹造成的。

汽车炸弹袭击是众多恐怖袭击手段中使用最频繁的，每个月都有数起汽车炸弹爆炸发生。2008 年 10 月 27 日，巴基斯坦基达发生汽车炸弹爆炸事件，造成两人死亡。10 月 23 日下午 6 点半左右，在克罗地亚萨格勒布市中心的一处停车场内，一枚汽车炸弹炸死两人，炸伤两人。在同一天上午，伊拉克劳工和社会事务部部长拉迪的车队在巴格达市区遭自杀式汽车炸弹袭击，拉迪幸免于难，但 3 名保镖死亡。

汽车炸弹一般指安装于汽车内的炸弹，在受害者不知情的情况下，打开车门或发动汽车后触发安装在车内的炸药而引爆；也有将汽车隐藏于路边或冲过防护线，接近目标而引爆杀伤的。常见于暗杀行动和恐怖袭击。纵观全世界范围内发生的各种恐怖袭击事件，汽车炸弹由于获取渠道多、改装简便、容易隐蔽、杀伤力大和以自杀性爆炸为主等特点，已经成为恐怖分子主要的攻击手段，夺取了大量无辜民众的生命。

从近年来发生的汽车炸弹袭击事件来看，恐怖分子除袭击特定设施外，一般将目标锁定为闹市、商场等人群聚集的公共设施。而且恐怖分子通常会选择在人群最密集的时刻将炸弹引爆，并且汽车内放置多枚炸弹，经常是多枚炸弹同时爆炸，往往造成大规模的人员伤亡。

为了对付汽车炸弹袭击，一些科学家正在发展各种新颖的技术，为消除汽车炸弹而努力。

近年来，美国高能技术有限公司开发出了一种名为“斯多技术”的汽车炸弹探测仪，准确探测率在97.75%左右，误报率和漏报率仅为2.25%。美国加州大学圣迭戈分校的化学家和物理学家发明了一种便宜的微型探测器芯片，这种芯片能够检测出用日常过氧化氢消毒剂制造的汽车炸弹。

沙特阿拉伯的退役军人乌特·阿里·乌杰伊发明了一种探测仪器，它在探测到300米内装有炸弹的汽车后会发出警报。这种仪器可放置在距离易受恐怖袭击设施一定范围的公路上。保加利亚科研人员研制出一种名为“嗅探器”的炸弹探测仪器，可探测到50米范围内的爆炸物。

以色列人研制出一种安装在公共汽车上的爆炸物监测装置，据称可以发现并阻止极端分子上车制造自杀式爆炸。据介绍，如果有人携带大量爆炸物站在车门外，监测装置就会发出报警声。公共汽车司机可立即启动车门口的栏杆，阻止危险分子上车。即便炸弹在公共汽车门外爆炸，它造成的伤亡和损失也比在汽车内引爆要小得多。

我国清华大学研制的反恐移动式轿车垂直透视安检系统，适用于海关、重要机构、公共会场、大剧院等的安全检测。

1. 识别可疑车辆的方法

对抗汽车炸弹的最重要的武器是情感感知。再次强调，警觉是我们所需要的最生死攸关的思维方法之一。在检测可能是汽车炸弹的情况下，要问自己以下问题：

①车辆是否改色？

②车的门锁、后备箱锁、车窗玻璃为什么有撬压破损痕迹？

③车灯为什么破损或异物填塞？

④车体表面为什么附有异常导线或细绳？

⑤车辆为什么违反规定停留在水、电、气等重要设施附近或人员密集场所？

⑥车内人员为什么神色惊慌、催促检查或态度蛮横、不愿接受检查？

⑦车内人员为什么发现警察后启动车辆躲避？

⑧司机将车停在某商店或大楼前，为什么却向车的反方向走去？

⑨为什么汽车后备箱因载运重物而较平常更为下垂？

⑩为什么司机将车停在非停车区、局促不安地停下车或慌慌张张地停下来？

⑪汽车前后车牌为什么不对应或者有伪造痕迹？

2. 预防自己的车被安上炸弹的方法

汽车炸弹的完全随意性使得它很难防范。然而，你可以做几件事，以避免你的汽车在你毫不知情的情况下被充当汽车炸弹。

防止汽车炸弹袭击的唯一防御措施就是个人安全意识。

尽量将自己的车辆停放在人员较多的公共场合，如果有人试图在你的车下安置炸弹，他就很难不被发现。一定要锁好车，并确保车窗完全关闭，防止不受欢迎的人进入你的汽车。标出自己轮轴的固定位置，以便于察觉汽车是否被人动过。在

发动机罩和后备箱上粘上一条透明胶带，在上车前检查一下胶带的粘贴情况。如果可能，清理后备箱、仪表盘下的置物柜等地方。

回到车上之前，用眼仔细检查车辆，但不能用手去检查。透过车窗认真扫视一下车内的情况。检查一下车轮和挡泥板，跪下来检查一下车底下。检查一下车门上、后备箱或发动机罩上是否有手指印。看看有什么东西是不应当存在的，比如似乎不属于这里的或悬在空中的一段电线。看看车底下有没有一个对正常油污来说相对干净的物体。检查车底时，长柄上端绑一个镜片是比较理想的检测工具。如果你怀疑有什么不对劲，要逐渐后退，并报警。

如果汽车炸弹已经引爆，你正好在汽车炸弹爆炸发生地附近，可以迅速借身旁的物体保护自己，重点是保护头部。你可以躲在汽车后、汽车中，甚至薄皮垃圾箱和装满文件的公文包后面，以减少炸弹气浪和杀伤破片对你造成的伤害。但是千万不要躲在玻璃后面，因为爆炸气浪击碎玻璃后，会形成锐利的破片，容易给躲在后面的人造成较大伤害。

第十八节 防人肉炸弹

所谓的人肉炸弹就是一个不怕死的人穿着一个特殊的背心或腰带，或者是穿着改造过的衣服，里面装满了高性能的炸弹，来到人群中引爆。

伊拉克也许是人肉炸弹最多的国家之一。据美国军方统计，2007 年一共有 8 起“女人弹”事件，而到 2008 年 8 月为止已经有 23 起。伊拉克女性人肉炸弹数量猛增。2008 年 7 月

28 日，就有 3 名绑满炸药的“女人弹”在巴格达什叶派朝圣者中引爆了自己。另一名“女人弹”在伊拉克北部袭击了库尔德人。一天内，她们就造成了约 60 人死亡，近 250 人受伤。

俄罗斯也是人肉炸弹的多发地。俄罗斯人肉炸弹主要由“黑寡妇”实施。“黑寡妇”是活跃在俄罗斯恐怖活动前线的车臣武装分子，这群平时娇小可人的女性，穿上黑袍摇身一变就能成为极端“杀人凶手”，从 2000 年 6 月首次出现，就成为了俄罗斯人的梦魇。据美国芝加哥大学教授理查德·佩普统计，截至 2013 年，“黑寡妇”共致死 847 人。

2004 年 8 月 24 日，两名自杀式炸弹袭击者通过莫斯科多莫杰多沃机场工作人员买到机票，分别登上两架飞机，最终导致两架航班上的 90 人全部遇难。其中一名恐怖分子为女性。2010 年 3 月 29 日，莫斯科“卢比扬卡”和“文化公园”两个地铁站连续发生爆炸，造成 41 人死亡，70 多人受伤。调查显示，这两宗爆炸由两名女“人肉弹”实施。2011 年 1 月 24 日，莫斯科多莫杰多沃机场发生自杀式恐怖袭击事件，有 1 男 1 女两名恐怖分子参与，导致 37 人死亡。2013 年 12 月 29 日 12 时 45 分，在伏尔加格勒火车站正门一层入口处的一个金属探测器安放点，一个名叫阿斯兰诺娃的“黑寡妇”引爆了身上的炸弹，造成至少 18 人身亡、40 多人受伤。

如今，人肉炸弹在世界各地都时有出现，当然，中国也有人肉炸弹杀伤他人的情况出现。

2008 年 10 月 20 日，四川省绵阳市三台县乐安场镇发生了一起民众人肉炸弹袭击政府事件。当地工人梁远俊，怀疑因企业改制损害其利益，持自制炸弹冲入镇政府引爆，导致 4 人死亡、1 人受伤，其中梁远俊本人当场死亡。

对付人肉炸弹

一些人肉炸弹动作上的疑点，人肉炸弹的衣服要比正常的肥大，很多时候他们会表现出紧张、流汗和心事重重的样子。他们总是避免与警察正面接触，总是朝人群最多的地方行进。

你也许察觉某人穿了一个炸弹背心，但如何阻止其引爆炸弹，反恐专家的意见并不统一。考虑到许多人肉炸弹需要他们的手来引爆装置，美国许多警察局在训练警察时会让他们射击嫌犯的脑袋，确切地说就是两眼之间，以便瞬间灭失其所有的行为能力。

那么，没有携带枪械的平民如何对付人肉炸弹呢？前美国海豹突击队教官、绝境求生专家凯德·科特立认为，最好的办法就是闪到这个人肉炸弹的身后，抓住他的小腿，提起来，使其离开地面。他们的脸会下坠，他们会用手本能地撑地阻止面部落地。如果你和一个人肉炸弹面对面相遇，要猛击他的面部，然后牢牢抓住其双手，大声呼叫周围的人远离避开，并打电话报警。

如果炸弹即将爆炸，最后时刻只好牺牲你自己，抱住人肉炸弹，以减弱爆炸杀伤力，拯救你周围的人。多数情况下，这会是一个极其艰难的选择，但是，如果情势到了不是你死就是你身边的亲人们死时，要果断采取适当的行动。记住，行动造就英雄。

如果炸弹爆炸时你就在附近，因为它发生得突然，出乎预料，只有有限的逃生工具可以提供帮助。最好的反应是迅速平躺在地，用手抱住头部，两腿交叉，张开嘴。如果闭嘴，爆炸产生的震动和冲击波会造成你的肺部和耳鼓破裂。

第四章　保镖徒手格斗技战术

第一节　防守与移动

一、基本格斗站姿

1. 正规的格斗姿势

基本格斗站姿就是格斗准备的姿势，它使我们能利用自己最大的速度和力量，同时能防范对手的攻击。所以基本格斗站姿是受训学员首先要掌握的技能。

两脚始终前后站立，两脚之间距离不得超过 46 厘米，两腿稍屈，重心保持在两腿之间；将双肘弯曲为 45°角；把双臂抬至可保护面部的高度，但又不致遮挡自己的视线；双肘轻夹身体，以保护肋部；手指弯曲握成拳头，但不宜握得过紧。握得过紧会使前臂肌肉收缩，降低出拳速度及延缓反应时间；向下收腭，用双肩作天然屏障。（图 4–1）

图 4–1

2. 非对抗式的格斗姿势

采取正式的格斗姿势看起来是一种不错的选择，但是，这只是在打斗开始以后才是如此。事实上，如果你在打斗之前就采取格斗势，你也就放弃了一件有力的武器——“欺骗”。

在实战格斗中，一种有效的秘密武器就是出其不意，突然袭击。大多数的歹徒都相信你没有反抗能力，而你应该利用他的这一错误观念。如果你摆出一个标准的格斗势，就会刺激你的对手并且增强对方的敌意。他会更加凶狠，说不定会掏出刀子来对付你。

你可以采取一种自信、放松的姿势，肩膀向前，手臂弯曲，双手张开，指尖朝上，这样的举动会给歹徒一个错误的信息，他会认为你已经屈服了。从而使歹徒降低警惕性，为你的攻击创造条件。（图 4–2、图 4–2 附图）

图 4–2

图 4–2 附图

把你的手放在前面还有很多优点，第一，在你与对手之间有了一个屏障，使他难以直接碰到你。第二，使双手放到一个有利于攻击的位置，可以使你的手法攻击更加精确。第三，此种姿势再加上后退，能够成为不是你想挑起事端的证据。

基本格斗站姿的练习

①对着镜子摆好格斗姿势。保持好这种姿势，两足做向前、向后、向左、向右移动。

②让训练伙伴用各种拳法击打你的两拳和两肘处并要保持好格斗姿势不变。

③让训练伙伴用各种轻快的拳法打你的脸部和胸腹部，用阻挡及格挡方法防御伙伴的攻击。

二、格斗防守技术

防身格斗的一条重要的特征就是动态性和进攻性。攻击和防守技术都是缺一不可的。如果防守技术不行，那么自己的进攻能力再强，在实战中也不免挨打，甚至危及生命。只有正确合理地运用防守技术，有效封阻对手的攻击，才能为后面的反击创造条件。防守技术是格斗中的重要组成技术之一。格斗中合理地运用防守技术是阻击对手进攻、争取主动的重要和必要手段。

1. 抓握

当歹徒以刺拳攻击的时候，你后手张开手指，掌心朝向来拳的方向，抓握他的拳，就像抓握棒、垒球一样。抓握的手应该在脸部前 10~15 厘米处。让手作为一个富有弹性的缓冲器，来吸收歹徒冲击的能量，同时头部要向后略微躲闪一点儿。抓握后，再以直拳反击歹徒，随后进行抱摔。

2. **格挡**

当歹徒用前手直拳向你的面部击打时，你在身体侧倾躲开来拳的同时用右手掌轻拍歹徒的手腕或前臂，使他打偏。拍击的同时要抬起左肩加强保护。

当歹徒用摆拳击打自己头部侧面时，上臂抬起，并使之与前臂之间的夹角小于 90°，手指张开，向前翻手掌（手掌大约在耳部的上方），同时略微拧转身体，以增强抵挡力量。一旦你进行格挡后，就可以进行反击或是进行抱摔和头撞了。

3. **屈臂防护**

在保持基本姿势的基础上，两臂弯曲置于胸前，两臂之间相距 10~15 厘米，两肘向下，两手自然张开，手掌向内掩护面部。两肘保护腹、胸和肋部，下颌微收，含胸、收腹，两眼从两臂间注视歹徒的行动，根据来拳配合防护动作做恰当的移动。身体保持着适度紧张，以增强抵抗的力量。两腿要弯曲，保持身体平衡。屈臂防护用来抵抗猝不及防的乱拳偷袭，承受住其起初的几次打击之后，就要实施反击。

4. **封锁法**

看准机会，乘歹徒欲出拳时或出拳后，迅速果断地贴近他，上体贴住他的上体，头部置于他的头部侧面，两前臂紧贴他的两臂，使其出拳受阻或不能出拳。然后实施抱摔法将其摔倒并制服。

5. 闪躲

是上体向左、向右、向后、向下进行各种闪躲使敌拳落空。不过在有些凸凹不平或非常有局限性的格斗环境里（如在楼房内）就不允许采取这种躲闪方式。

①侧身闪躲：当歹徒以直拳击打自己头部时，上体和头部同时向侧前方闪躲，上体略向侧前方倾斜，使歹徒拳头从肩部和颈部外滑过。躲闪同时略提一侧肩部，以防闪躲不及时，起到保护的作用。侧闪后再加上反击或抢进去进行抱摔。

②侧身摇避：当歹徒以摆拳击打自己头部侧面时，应立即屈膝、蹲身、上体前倾、头部和上体向外侧摇避，使头部在歹徒手臂下绕过。然后形成抱摔姿势。

③向后闪躲：后闪技术能够用来对付任何直线攻击技术。当歹徒用直拳击打自己头部时，先向后闪身，在歹徒击空时立即以直拳还击其头部。做这个动作时有两种方法：一是当歹徒出拳没有冲力时，自己可以在原地将上体先向后仰，重心落于后脚的同时上体随即前倾，用直拳还击。另一种是歹徒出拳冲力或跨步较大时，自己可先向后移动摆脱，后脚落地后再迅速蹬地出直拳还击。

三、防守技术训练方法

1. 防守技术的标准定型

在教练讲解示范或个人自学教材之后。训练者由静止的实战姿势开始模仿练习防守动作，体会防守的动作要领。

2. 假想训练

训练者假想歹徒的进攻，自己训练相应的防守动作。

3. 二人配合训练

两人一组，一方进攻，另一方防守，进一步提高防守的实际性。两人练习可采用原地和移动的两种。

4. 防守反击练习

专门性的训练防守，在训练的初级阶段是很必要的。但掌握了技术要领之后要把防守反击作为一个整体进行训练。也就是一次防守必须伴随着反击。

5. 实战训练

可培养训练者的临阵应变能力，使习者由浅入深，由易到难地学习防守技术，尽快掌握实战技能。这是对训练者整体防守反击能力的真正检验与促进。

四、格斗基本步法

在武术学校中，步法经常是一个被忽略的技术，然而步法实际上是真正决定受训者习得各种技术是否成功的关键所在。在激烈快速的打斗中，步法机动灵活，有利于保持平衡，并寻找较好的角度进行有效的和防守。此外，步法的快速移动，还可以迷惑歹徒，分散其注意力。

动作时不要忘记防守。向前移动时，前腿先动，后腿跟进，使身体又恢复格斗姿势。移动时应该平稳连贯，动作优美，双腿呈直线前进。向后移动的时候，后腿先退，前腿跟进。双腿之间的距离不要超出46厘米。向后移动尽量不要超过三步，以防止碰到障碍物、凹凸不平的地面等。

1. 常用步法

①前滑步：在格斗势的基础上，前脚稍提，后脚蹬地，前脚擦地前滑约30厘米落地，后脚迅速跟进并步。

②后滑步：后滑时，足跟稍提起，前脚掌蹬地，向后滑动，后脚掌着地后，前脚掌迅速向后滑。滑动的距离应与后脚滑动的距离相同。

③左滑步：向左滑步时，右脚的前脚掌用力蹬地，左脚掌向左擦地横滑，待左脚落地后右脚跟随即向左横滑，其距离与左脚的距离相同。

④右滑步：动作与左滑步相同，唯方向相反。

⑤左斜进步：身体向左侧前方移动时，前脚稍抬起，后脚蹬地，推动前脚向左斜前方滑进一步；当前脚着地以后，后脚迅速擦地跟上。

⑥右斜进步：动作要领和要求同左斜进步，唯方向相反。

⑦左斜退步：前脚蹬地，后脚向左侧后方斜退一步，前脚迅速擦地跟上。

⑧右斜退步：前脚蹬地，后脚向右侧后方斜退一步，前脚迅速擦地跟上。

⑨左闪步：左闪步是以右脚掌为轴，右脚跟提起向左转45°左右，同时左脚迅速向左脚后侧移动，身体突然向左转体改变方向，将对手闪在自己的右侧面。

⑩右闪步：动作要领和要求同左闪步，唯方向相反。

2. *脚步移动训练方法*

①单独训练：可先在平地上划出一定范围，将学过的基本步法逐一练习，逐步过渡到步法组合练习。

②跳绳练习：包括练习单脚跳、双脚跳等。

③配合练习：两人一组，一人喊口令，另一人按口令做脚步移动练习，发现错误动作及时纠正。

④双人练习：两人一组，相对 2~3 米站立，进行步法练习。甲方进步则乙方退步，其他步法也是如此。要尽量避免肌肉过分紧张。

第二节　身体武器的攻击技巧及训练方法

人体有许多部位都适合作为攻击武器。学习格斗术，首先要了解这些武器部位名称和攻击时的着力接触点。在平时必须强化这些接触点部位的训练，以便在打击歹徒时，有足够的硬度和杀伤力。

打斗最常用的部位是两只手、两只脚、两个肘、两个膝关节和一个头。它们几乎代表了身体上所有容易集中力气的最有效的发力点，所以它们可以在任何规模的格斗里作为攻守兼备的武器发挥效力。然而，如果想要功效和速度并举，正确的技术训练以及实用性练习是必不可少的。只有达到了双效并举，才能实现无论何时何地当你需要保护自己的时候，真正做到弹无虚发。

一、拳法攻击技巧

把手握成拳头时，手指关节成了很坚实、耐击打的部位，在赋予身体重力后，它们就是极具杀伤力的攻击性武器。用拳头打击如咽喉之类的软组织区域，可以避免对自身损伤。拳用于攻击时的接触面为拇指外其余四指的根部、拳背或是小指外沿的拳轮处。

1. 直拳

左直拳动作简练、直接。左手离对手近，易于击中目标，又便于抵住和破坏歹徒击打。还可令歹徒失去平衡，容易造成歹徒错觉，迫使歹徒暴露出防御上的空隙和破绽，为别的重招攻击创造良机。利用左直拳还有利于自我推测后发招法的距离、速度、刺探歹徒实力。运用左直拳和歹徒保持一定的距离，不让对手靠近自己，有利于调整攻防步骤。

左直拳在拳击比赛中效果绝佳，这是因为拳击比赛没有摔法、没有缠身扭斗。但在自卫格斗中左直拳没有太大的作用，除非你拥有超人的打击能力。在街头格斗中，你对歹徒的情况通常是一无所知。歹徒可能精通拳击、缠斗。因此，不要冒险使用左直拳重击歹徒。但是就像前面所说的，其战术作用不可忽视。左直拳能用来为踢击、摔投、窒息或者冲撞做好准备工作。

右直拳的做功距离和做功时间比左直拳长，易被歹徒发现和防范，但拳头份量重、威力大，一旦击中目标往往能取得决定性的胜利。在你攻击时，你的对手不得不进行格挡。

任何一种可以迫使你的对手进行格挡的方式都非常有效，因为这样可以阻止歹徒对你实施摔法。在自卫格斗中，右直拳是非常有效的拳法。其在街头打斗的首发应用率几乎达到百分之八十以上。

（1）左直拳

由格斗势开始，右脚趾尖蹬地，重心稍前移，上体向右水平拧转，左肘部推动，以左拳领先，前臂带动拳头轻快地向前击出，使拳头击向目标，击完恢复实战姿势。（图 4–3、图 4–4）

图 4–3

图 4–4

（2）右直拳

由格斗势开始，击出右直拳，当手臂快要伸直还没有完全伸直前，其拳头向拇指方向突然拧转，当手臂伸直到最后阶段的一瞬间，运用身体向前运动的速度，突然扭腰转髋向前送肩旋转拳头打出，在击出右直拳的同时左手保护左腮面和下颌，

身体重心保持在两脚支撑面内，击完后立即恢复格斗姿势。（图 4–5、图 4–6）

图 4–5

图 4–6

2. **上勾拳**

上勾拳是在近距离打斗时，屈臂弯肘，自下而上打击歹徒的拳法。这种拳法在近战中威力极大。上勾拳的力量来自脚趾尖蹬地伸腿的反弹力，然后通过腿、躯干、肩、臂，最后由拳头把传输过来的身体重量冲击过去。腿脚动作与手臂动作同等重要，双脚站稳，稍屈膝部，就能击出强猛的好拳。

（1）左上勾拳

由格斗势开始，左臂弯曲成 90°或小于 90°夹角，身体前俯并向右转体带动左拳向前上方击打，击完后立即恢复格斗姿势。（图 4–7、图 4–8）

图 4–7

图 4–8

⑵ 右上勾拳

由格斗势开始，右臂弯曲成 90°或小于 90°夹角，身体前俯并向左转体带动右拳向前上方击打，击完后立即恢复格斗姿势。（图 4–9、图 4–10）

图 4–9

图 4–10

动作施展过程中的正确、完美与否非常关键。因为拳头太松，指关节外露，而姿势不标准，则易于使自己指腕关节受伤，即使是经常训练的拳击手，也会挫伤他们戴着手套的手，那么对于裸露手指关节又没有经验的学员来说，就更容易挫伤手指了。

在歹徒俯身弯腰、手的位置较高并且距离很近时采用。如果歹徒连续被击恍惚不清，此时逼近歹徒采取上勾拳进攻效果更佳。当歹徒两侧防御严密、中线空虚时，可用上勾拳攻击其胸腹。在歹徒身体直立时不要使用上勾拳，这样容易遭到歹徒直拳攻击。使用上勾拳时要严防歹徒的肘膝攻击。

3. 摆拳

摆拳是一种很自然的拳法。没有经过正规训练的人殴斗时一般都喜欢用这种拳法。摆拳击打目标是歹徒的颈、腮和下颌处。摆拳可以充分利用躯干扭动产生的惯性，把全身重量都施展于击打上。同时因手臂移动距离长，可产生较大的攻击冲力。

（1）左摆拳

由格斗势开始，左脚趾尖蹬地内转，向右转体，以肩部带动左拳向斜前方，成弧线由外向内突击，臂弯曲约 90°，击完后立即恢复格斗姿势。（图 4-11、图 4-12）

图 4-11

图 4-12

⑵ 右摆拳

由格斗势开始，右脚趾尖蹬地内转，向左转体，以肩部带动右拳向斜前方，成弧线由外向内突击，臂弯曲约 90°，击完后立即恢复格斗姿势。（图 4–13、图 4–14）

图 4–13

图 4–14

打摆拳的一个常见错误是动作幅度太大，无论是谁，都会有这样的经历，就是大敌当前，会由于紧张，往往会充分运用自己最大的力量来投入战斗，期望在瞬间制服歹徒，以便自己迅速脱离险境。但往往却适得其反，因为这样便会过早地暴露你的攻击意图，给歹徒提前发出了预警信号，使打击难以奏效，甚至会由此遭到歹徒沉重的打击。

对于精于防守的歹徒，前手摆拳是撕破其防御的有效方法，也就是利用摆拳迫使歹徒改变防守姿势，进而以右直拳和右钩拳重击其空当、重创歹徒。从基本拳法的整体上看，摆拳是配合其他拳招攻击的有效手段。

前手摆拳威力巨大，可在瞬间伤害歹徒的颈、腮和下颌。

摆拳的作用是专门用来对付善于向左右两侧转移攻势的歹徒。前手摆拳的打法，距离歹徒较近，当歹徒向前手外侧正欲转移时，以前手摆拳攻击其头部。后手摆拳，距歹徒较远，当歹徒向后手外侧正欲移动时，以后手摆拳击打其颌部或腮面。施发摆拳时要注意歹徒的迎击和脚蹬。使用摆拳要提防歹徒直拳攻击，同时要提防善于潜避的歹徒逼近攻击。

4. 拳侧攻击

拳侧是指手掌顶点与手腕间靠近手指的侧面（图 4–15），使用拳侧击打时应握紧拳头用拇指压靠中指和食指的第二节指骨上，似砍掌一样猛烈劈打，像鞭子一样运动，接触目标的瞬间，握紧拳头用拳侧砸击，击打后迅速弹回。使用拳侧进行击打时不必担心损伤或挫伤指关节及手腕，是一种强有力的攻击方式。拳侧最好的攻击目标包括：下颌、太阳穴、鼻子、颈部、裆部。下砸锁骨亦是重创对手的重要手段。下砸时采用整条手膊的运动，向前挥击时好像是在用身体和手膊的合力去挥动一个大铁锤。一旦砸中歹徒非常有效。锁骨是一个很脆弱的部位，倘若锁骨被击断便会使歹徒呼吸困难，因手臂麻木而失去活动能力。

图 4–15

5. 背拳

背拳是一种以拳背为力点，通过伸肘抖腕的力量反臂向前弹抽、敲砸歹徒鼻眼等要害部位的拳法，它快捷隐蔽、变化无方、疾如闪电，往往令歹徒猝不及防，具有快、冷、脆、远、猛的特点。直、勾、摆拳都是以肩为主要枢纽，最后将全身之力集中于拳面爆发而出，而背拳则是以肘关节或腕关节的转动用拳背进行攻击。也可以视攻击的距离及角度而用腕关节或拳轮、拳面进行攻击。

背拳的攻击是以“疾、奇”为特点的，击打的时机是关键。当我方控制了歹徒手臂，会使其处于如被绳缚的境地，使歹徒不得劲，我得劲，或是歹徒无法进攻或难以防守时施用背拳攻击。如在擒抓歹徒一臂时，用力回拉，同时以背拳攻击歹徒。在施以背拳时，腕关节的骤然转动或抖动，可使背拳的杀伤力大增。背拳在使用中可以作为肘击打的补手进行攻击。

转身反背拳是拳法中的一种怪招。它是借旋身和腰、臂向后摆弹的爆发力，用拳背横向鞭打，抽击目标，其特点是动作狠辣刁钻，突发性强并具隐蔽性，往往能起到出其不意的效果。

（1）左转身背拳

由格斗势开始，向前微抬左臂,以肘关节为轴，挥前臂以拳头击向目标，手臂用力伸直，手腕用力向外侧或屈肘由下经胸前以肘为轴向前上方弹抖，以拳背击向目标，击完恢复格斗姿势。（图 4–16~图 4–19）

图 4–16

图 4–17

图 4-18

图 4-19

（2）右转身背拳

由格斗势开始，身体向右拧转，带动右拳以拳背向后抽弹。（图 4-20、图 4-21）

图 4-20

图 4-21

二、掌指法攻击技巧

掌指攻击是最实用的技术之一，它的实用恰恰在于它往往不为人所熟知，也不会轻易引起别人的注意，当然习练它的人也很少。正因为如此，它才具有迷人的魅力，我们可以在与歹徒打斗时突然发招，往往会令歹徒大吃一惊。总结它的优势，就是击打距离长，富于变换，击打时面积小，压强大。还有重要的一点，就是它的先发制人。这在与歹徒格斗时，尤其是面对强大的歹徒时显得更为重要。

1. 劈掌

特种格斗术的基本组成当中就有掌沿攻击，或者称其为劈掌。这种攻击类似于空手道中的手刀，攻击时，手掌展开，肌肉绷紧，当你用小指和掌底之间厚实的部分攻击时，保持拇指向外打开。劈掌的效果与拿一把利剑削砍一根铜管颇为相似。劈掌一般攻击歹徒的咽喉、颈部等薄弱部位。很少有人能挺住他人用手掌对这一区域的劈打。此外用手刀劈击锁骨，会造成骨折和剧痛。

在反手劈击中顺势打出这一招效果绝佳，因为它恰好用到了蹬腿和拧腰的力量以及体重的惯性力。这一技巧通常是掌心向下平行劈击，当然也可以从其他角度攻击。

现代格斗术的攻击与传统招式的最大区别在于拇指的垂直方向，这样可以增加手掌的张力，坚固手上的攻击表面。还可以避免由于手掌受到冲击而引起的弯曲，从而不致削弱攻击力度。

(1) 左劈掌

在格斗势的基础上，左臂自然弯曲抬起，重心迅速前移，

拧腰转胯，以掌外侧为着力点，向下或水平砍击，击打完毕后迅速恢复格斗势。（图 4–22~图 4–24）

图 4–22

图 4–23

图 4–24

（2）右劈掌

在格斗势的基础上，右臂自然弯曲抬起，重心迅速前移，拧腰转胯，以掌外侧为着力点，向下或水平砍击，击打完毕后迅速恢复格斗势。（图 4–25~图 4–27）

图 4–25

图 4–26

图 4–27

2. 掌根攻击

对于那些没有拳击经验的人来说，用掌根打击要容易得多，因为这种打法具有出人意料之处，而且出手距离也短，令对手难以防范。

只要你的一只手是自由的就可以用掌根反击，来对付任何形式的正面抓握，当然也能在其他近距离打斗中使用。通过腕部向后弯曲，五指伸展，掌心下部形成小的内凹，在非常接近歹徒时，用掌根猛击其下颌，在一场生死攸关的打斗中，击打歹徒下颌，会造成其周身麻木和休克，从而令歹徒很轻易地失去知觉。

如果歹徒与你保持一臂长度可迅速用掌根反击，应像弹簧一样反弹出击，面部的任何部位均可作为打击的目标，当然打击鼻子效果最佳。利用掌根攻击破坏歹徒的身体平衡，很容易对其造成额外的伤害。

（1）左掌根攻击

在实战姿势的基础上，右脚蹬地，重心前移，然后反弯左手腕，利用转腰催肘起身之力，短促地爆发向斜上方运力推击，使掌底击向目标，击完迅速恢复实战姿势。（图 4–28~图 4–30）

图 4–28

图 4–29

图 4–30

(2) 右掌根攻击

在实战姿势的基础上，身体内旋，反弯右手腕，利用身体左旋催肘起身之力，向斜上方运力推击右掌，当底掌推至目标瞬间，掌底、肩、腰与伸直的后腿成一连贯的力量输送线。(图 4–31~图 4–33)

图 4–31

图 4–32

图 4–33

3. 指关节攻击

指关节的主要打击目标是歹徒的鼻梁、咽喉、颈部、上腹部、裆部等狭窄而柔软的要害。将四指从第二指关节处弯曲，把拇指内收置于食指指尖处，用四指弯曲形成锐角短促快速地攻击。(图 4–34)

图 4–34

利用指关节攻击歹徒咽喉是一种绝佳的攻击手段。击中歹徒后可使其血流不畅和呼吸困难，造成头昏、四肢无力。

4. 矛手攻击

矛手是一种极为有效的自卫武器，它可以攻击歹徒身上柔软的部分。矛手的标准手型如下：四指平伸并拢，拇指向掌内弯曲。使击打的力量集中于食指、中指与无名指的指尖，小拇指起辅助作用。关键是手型要刚劲，四指要聚拢并紧，否则就会使力量削弱。（图 4–35）

图 4–35

（1）左矛手攻击

在实战姿势的基础上，左手成掌，臂部内旋，平肩直插，掌心朝下，力达指尖。（图 4–36、图 4–37）

图 4–36

图 4–37

（2）右矛手攻击

腰部左转，右手成掌，臂部内旋，忽然插掌，掌心向下直刺歹徒双目。（图 4–38、图 4–39）

图 4-38

图 4-39

四指既可绷直也可稍微弯曲，后者的好处是不易挫伤手指，采取哪种方式，取决于施技者手指的硬度与力度。但不论何种方式，都要求出手快捷迅猛，回收及时。矛手攻击的主要部位是歹徒的眼睛、咽喉、腹腔神经丛、肾部、脾脏或颈部的神经丛。

5. **拇指抠眼**

眼睛是人体最敏感和脆弱的部位之一，拇指抠眼这种令人胆寒的技术可以直接撕扯歹徒的头部。使劲弯曲两个大拇指并放置在每只眼的内侧，用这种猛烈的“抠拉”，深深地向眼睛深处抠并向耳朵方向拉（图 4-40）。此种攻击能使眼球破碎、眼皮撕裂，力量较大时，还会把眼球从眼窝中抠出来。它只有面对生死搏杀时才可以使用。

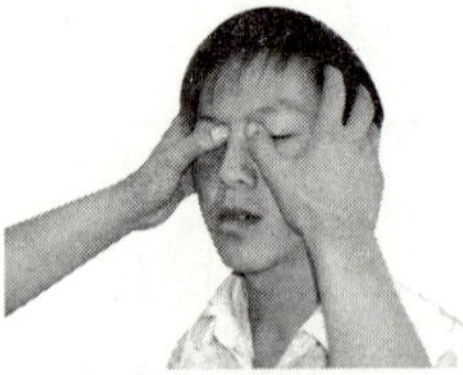

图 4-40

6. 爪击

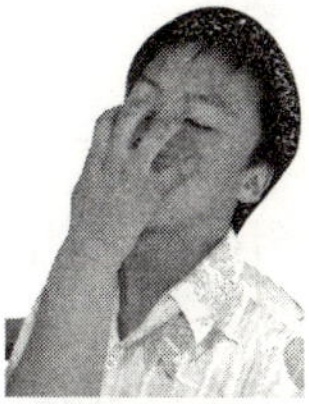

图 4–41

爪击是指以指尖发力来攻击固定的目标，通常的手型为四指成爪状，拇指蜷曲向掌心。运用爪向歹徒薄弱部位如面部、颈部和睾丸施以抓、撕等攻击动作。(图 4–41)

爪击的功用就是使一个妄图侵害你的暴徒受伤致残。十指尖锐、指甲如刀的女性施用爪击效果更佳。暴徒的面部就是最佳的攻击目标。如果够狠的话，甚至可以把指尖嵌入歹徒的肉里。爪击是非常毒辣的指掌功夫，很容易使歹徒“毁容”。

7. 杯型手攻击

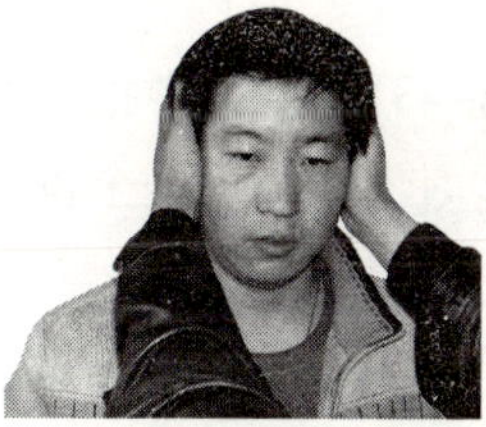

图 4–42

使用杯型手攻击歹徒的耳朵效果绝佳。向耳部的攻击，尤其是双耳受到攻击后会发生昏迷及脑震荡，甚至有致命危险。两手猛力扣击歹徒的双耳，这样就有可能造成歹徒脑震荡和耳鼓膜破裂（图 4–42）。耳鼓膜之所以会破裂，是因为扣击时将大量的空气挤压到耳道内部。实际场合里，这种后果很少发生，但是这种攻击方式常常会令对手顿时迷失方向，从而给你以有利的机会来控制他。杯型手攻击歹徒的颈部或头侧部，仍是很有效力的。

8. 掐拧

习武者总认为大刀阔斧的拳打脚踢更为干脆痛快，然而，有一招极为实用却又常被人忽略——掐拧。不要一提到掐拧就认为是女人的专利，实际上，它是自卫中可以信赖的一件利器。掐拧是格斗实战的一个侧面，却没有任何门派的武术吸纳它，大概是认为它太女人气或是孩子气，不像男子汉所为吧？但是和戳一样，掐拧产生的效果是“疼痛反应收缩”，常常会导致被掐拧者门户大开，至少也会使你的对手分神一会儿，从而为你别的招法反击提供宝贵的时机。掐拧适用于在和歹徒搂抱缠斗时，忽然猛掐歹徒，可一时解脱歹徒的纠缠，但掐击的时机稍纵即逝，因而试用掐拧后应马上跟上后续毒招重创歹徒。否则光凭掐拧是难以降伏歹徒的。掐拧属逃逸性技术，它是实施成功摆脱并发动反击的基本手段。最凶悍的技术还是实施击打。食指拇指掐拧（图 4–43）、食指中指关节掐拧（图 4–44）、展开的食指拇指掐拧（图 4–45）是全世界不同肤色的各个人种广泛应用的 3 种掐拧方法。

图 4–43

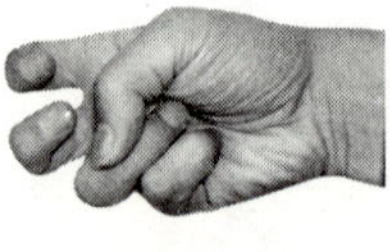

图 4–44

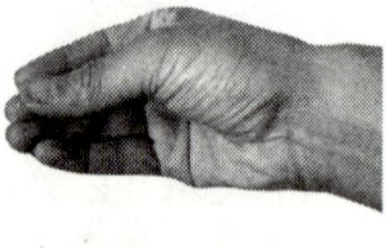

图 4–45

三、腿法攻击技巧

大腿是人体最发达的肌肉群，两腿因长期支撑身体重力而十分强壮有力，在以腿攻击对手时少有自伤。再者双脚被鞋保护，所以腿是现实打斗中重要的打击武器。

脚的每个部分在打斗中都能起到作用。拇趾在前踢中用来攻击腹腔神经丛和歹徒的腹股沟，它兼速度和力量两大特性。胫骨可以伴随扫踢之后继续攻击歹徒腿部、肋骨或者是歹徒的太阳穴、面颊和颈部。在近身侧踹时，脚部外侧形成脚刀，可以攻击歹徒的膝关节、肋骨和腹腔神经丛。后踢腿和跺脚都可以促进脚跟的运用，在双方缩短距离冲入歹徒防御之后，脚背可以用来攻击歹徒的裆部。此外，还可以用脚尖踢击歹徒大腿内侧的压力点，使其感到剧痛。

1. 正面踢蹬

正面踢蹬比其他技术需要更多的平衡和训练，而且要相当地用力。它是一种针对骨盆、裆部或大腿上部的向前猛烈踢蹬的技术。蹬击时不要转动膝关节，无论是否击中目标，应迅速收腿，防止歹徒从前面对腿抓握，如果你穿的是皮鞋，可用脚尖踢出，此外，还可以用脚跟或脚掌迅速蹬击。正面踢蹬的攻击目标不可过高。因为攻击歹徒中上段则上体容易向后倾斜，造成重心不稳，使攻势失败。最好的攻击目标是歹徒的膝关节和胫骨，但裆部也不应被忽视，因为对裆部的攻击虽最具效力但大多数人会有所防范，只有当歹徒较弱或疏于对裆部进行防守时，才能尝试对裆部进行攻击。

在歹徒逼近密集进攻时，向前蹬腿，用脚撑其腹、裆部，使歹徒难以靠近。当歹徒企图进攻时可抢先举腿蹬其腹、肋部，如果歹徒企图以腿攻来时，可抢先蹬腿，踏其动腿一侧的腰部或大腿根部，后发先至制于半势之中。

（1）左蹬踢

由格斗势开始，抬起左腿至腰部高度，右腿稍弯曲以控制平衡，接着借身体重心前移惯性，利用膝部的反弹力快速由曲到伸直线蹬击，同时送髋，击完恢复格斗预备姿势。（图 4–46~图 4–48）

图 4–46

图 4–47

图 4–48

（2）右蹬踢

由格斗势开始，抬起右腿至腰部高度，左腿稍弯曲以控制平衡，接着借身体重心前移惯性，利用膝部的反弹力快速由曲到伸直线蹬击，同时送髋，击完恢复格斗预备姿势。（图 4–49~图 4–51）

图 4–49

图 4–50

图 4–51

2. **扫踢**

扫踢来势凶猛，功效显著，但比起前踢，则需要更高的技艺。胸部以下的任何部位都可以用扫踢进行攻击，尤其是肋部、下腹部、腹股沟、裆部、大腿和小腿。施用扫踢时，所选目标区域越高，则越有失衡和身体复位较慢的风险。

攻击身体中部之踢法一般在歹徒挥拳击空时，乘隙而入，攻击腹肋，可使歹徒猝不及防而中招。低位扫踢是格斗的骨干腿法，主要攻击歹徒的膝部或腿内外两侧，其攻防兼备，攻击可令歹徒双腿发烫发软，使其站立不稳，攻防不便。守则可使歹徒腿攻受到破坏，使其腿攻失准。擅长用低扫踢的人常先用手法佯攻，分散歹徒注意力，而后实施扫踢，使歹徒上下难以兼顾而奏效。

(1) 左脚扫踢

在格斗势的基础上，左腿提膝向侧面抬高，以右腿为轴，向右旋转，甩动左腿，用力扭动臀部，带动左腿由外向

上、向前弧形摆踢，力达脚背，踢完恢复格斗姿势。（图 4–52、图 4–53）

图 4–52

图 4–53

（2）右脚扫踢

在格斗势的基础上，右腿提膝向侧面抬高，以左腿为轴，向左旋转，甩动右腿，用力扭动臀部，带动右腿由外向上、向前弧形摆踢，力达脚背，踢完恢复格斗姿势。（图 4–54、图 4–55）

图 4–54

图 4–55

3. 前踢

前踢是用脚尖或脚背由下向上弹踢歹徒的腿法。前踢是一极具隐蔽性的动作，因为缺少臀部及上身动作，很难令歹徒捉摸你的意图。从攻击角度来看，歹徒也很难防御。前踢的攻击目标是歹徒的腹部和裆部，由于脚尖细，力量集中，攻击这些部位容易奏效。但用此技的条件是必须与歹徒正面相峙，如果歹徒做出侧立的防卫势就不易成功。当歹徒在我攻击其上段，集中精力进行防守而放松对自身下段的防守时，我则迅速用前踢攻其中下段。前踢在实搏时可与任何腿法组合施用，一般多以佯攻形式作为组合攻击的前奏，为后续招法创造战机。

（1）左前踢

在格斗姿势的基础上，右腿前跨，左膝抬起，以膝关节为轴，小腿向前上方弹出，击完迅速恢复格斗姿势。（图 4–56、图 4–57）

图 4–56

图 4–57

（2）右前踢

在格斗姿势的基础上，左腿前跨，右膝抬起，以膝关节为轴，小腿向前上方弹出，击完迅速恢复格斗姿势。（图 4–58、图 4–59）

图 4–58

图 4–59

4．侧踹腿

这种踢法是用脚底从侧面攻击歹徒的强力腿法，它是一种仅需很少时间就能掌握的腿法。其主要攻击歹徒的大腿、膝关节及胫骨等目标。在以侧踹攻击歹徒胫骨时，身体应略向左转去防御裆部，然后迅速抬起右脚用脚侧踹击歹徒胫骨并顺此滑落下来，直到用脚跟踩中歹徒的脚完成整个动作，此时歹徒受击俯身弯腰，下巴向外伸出，正是掌根或上勾拳重创其下巴的绝佳时机。

侧踹除用于主动攻击外，还是极佳的阻止打击的腿技，多用来阻截歹徒的低踢攻击或前逼攻击。比如当歹徒企图出腿攻击还没有完全踢出时，我迅速用前脚侧踹歹徒小腿胫骨，连消带打、攻守合一。再有，当歹徒逼近欲攻，在其攻击尚未到达时，可用侧踹快速踢击歹徒膝部或胫骨，遏制歹徒攻势，后发先至，以攻为守。

（1）左侧踹

从格斗姿势开始，右腿稍屈，身体略右偏，左腿屈膝抬起，脚尖勾起，以脚掌踹向目标，击完迅速恢复格斗姿势。（图 4–60、图 4–61）

图 4–60

图 4–61

（2）右侧踹

从格斗姿势开始，向左转体 180°，同时，右脚提膝前抬，上体顺势侧倾，在抬腿的同时，小腿外摆，脚尖勾起，以脚掌向目标踹出，击完恢复格斗姿势。（图 4–62~图 4–64）

图 4–62

图 4–63

图 4–64

四、肘法攻击技巧

肘击是身体武器中的最佳工具，肘击的范围小而锐，穿刺能力强。其威力不但瞬间可使歹徒头破血流、伤筋断骨，而且还可能危及歹徒的生命。又因为肘击的运行范围仅限于上臂所能达到的地方，其攻击力更直接，肘击又具有强力与快速的特性，因此，阻截肘击是很困难的事。肘击技术通过腰劲与髋劲的应用更具有强猛的杀伤力，双手必须用全身的力量才能阻截停止肘击。

在近距离打斗时，从哪个角度实施肘击都是相当有效的。双肘几乎与双手同样具有万能的作用，只不过使用距离要短些罢了。由于它们离身体最近，因而比双手更具潜在的威力。但是与双手相比，双肘缺乏感觉力、准确度和切砍能力。在贴身打斗时，双肘可轻易地实施上挑、侧部戳击等动作，在适当距离的扭斗过程中，还可用双肘实施向下砸击。

肘部通常在手法攻击受阻或者在难以用手击打的时候，才动用双肘。在原则上双肘的使用与用拳头实施的方式基本相同。

1. 肘部侧戳

肘部侧戳劲疾而短，动作隐蔽凶猛。肘部的侧戳技术适合于抗击从侧面发动攻击的歹徒。把要用的手臂甩到胸前，尽可能甩得远些，掌心向内，然后用肘尖瞄准正冲过来的或站在那儿的歹徒，沿原路线戳击。击打目标区域为太阳穴、喉部、下颌、两腮、眉梢、鼻梁、胸膛和软肋。

打斗中与歹徒接近时，猝然抬臂施肘，利用蹬地摧身或拧腰侧身的冲力，以肘尖撞击其面部。运用肘部侧戳歹徒，关键是要大胆及时地逼近歹徒，身心合一迅猛出击。当歹徒气力不支、漏洞百出时，可果断直入内围，借进步前冲之势，猝然缩臂屈肘袭击歹徒面部或胸膛，很有功效；或当歹徒纵步跃来重心不稳之时，以顶肘截住对手前冲的上体。当自己被歹徒组合拳法狂攻，处于被动局面时，可提双拳紧护头部，上体左右转动招架，在消解歹徒攻势的同时，伺机挺身提肘迎击歹徒心窝或软肋，这是一种攻防兼备的打击技术。

（1）左肘侧戳

在格斗预备姿势的基础上，左脚向前跨一步，右脚猛然蹬地，重心向前移，同时左前臂缩臂屈肘，拳心向下平抬，用肘尖领先直线向前撞击，力达肘尖，击完恢复格斗预备姿势。（图 4–65、图 4–66）

图 4–65

图 4–66

（2）右肘侧戳

在实战姿势的基础上，右脚快速前跨，重心向前移；同时，右前臂缩臂屈肘，拳心向下平抬，用肘尖领先直线向前顶击目标，力达肘尖，击完恢复格斗预备姿势。（图 4–67、图 4–68）

图 4–67

图 4–68

2. 下砸肘

对搂抱自己腰或大腿的歹徒，可用肘部向下砸击。把用于攻击的手臂抬高，肘尖瞄准歹徒脊柱、颈部或肋骨腔一带狠狠砸下去。下砸时须以身体下压增力，动作先起后沉，一气呵成。

砸肘应借腰部屈伸和身体下压之力猛剁歹徒，其攻击入里透内，凌厉凶狠，有立竿见影的摧毁性。但施砸肘招，先要屈肘向前上掀抬而后下击，因而动作幅度较大，若使用不当，破绽是十分明显的，易使自身中门大开被歹徒迎击。因此，歹徒处于直立状态时不能运用砸肘直接攻击。运用砸肘进行防御，可化解歹徒的膝顶、腿踢，在歹徒贴身和前抱时，施此招猛砸其后心、后脑、肩部效果甚佳。

(1) 左下砸肘

在格斗预备姿势的基础上，左前臂缩臂屈肘，肘尖上抬，右拳护住颌部，身体迅速下沉；同时，左肘由上向下砸击，力达肘尖，击完恢复格斗预备姿势。（图 4-69~图 4-71）

图 4-69

图 4-70

图 4-71

(2) 右下砸肘

在格斗预备姿势的基础上，右前臂缩臂屈肘，肘尖上抬，左拳护住颌部，身体迅速下沉；同时，右肘由上向下砸击，力达肘尖，击完恢复格斗预备姿势。（图 4–72~图 4–74）

图 4–72

图 4–73

图 4–74

3. **上挑肘**

上挑肘的技术，在原则上与上勾拳实施的方式基本相同。在打斗时可以用任何一臂发上挑肘攻击歹徒的头部和躯干，也可以用上挑肘进行防守反击。在歹徒身体直立时不要使用上挑肘，否则易遭到歹徒的直拳截击。当歹徒两侧防守严密而中门空虚时，可用上挑肘突入击打其胸腹。

上挑肘运用场合：对峙时，拳头虚探，猝然屈臂以上挑肘猛挑歹徒心窝；歹徒快速逼近企图施展箍颈膝撞毒招时，我抓住歹徒空门，抢步以上挑肘猛挑歹徒下巴、喉结；疾步向前，伸手推拨开歹徒拳头，使其上段漏空，同时以上挑肘上挑敌面颊，等等。

（1）左上挑肘

由格斗预备姿势开始，左脚前跨，后脚紧跟，蹬地、挺身、屈肘、提肩，用左肘尖由下向上方迅速挑打，击完恢复格斗预备姿势。（图 4–75、图 4–76）

图 4–75

图 4–76

（2）右上挑肘

由格斗预备姿势开始，左脚前跨，蹬地、挺身、屈肘、提肩，用右肘尖由下向上方迅速挑打，击完格斗预备实战姿势。（图 4–77、图 4–78）

图 4-77

图 4-78

4. 横摆肘

横摆肘是以肘从侧面沿弧形路线击打目标的招法，其优点是除了有拧腰转体之力外，还可利用脚趾蹬地力量以及前移来增加杀伤力，因而其威力甚大，可在突然间对头部或身体造成伤害。横摆肘可攻击歹徒太阳穴、面颊、下颌、颈部、肋部等要害部位，如歹徒疏于防御头部，用横摆肘效果最佳。其用于防御可平扫歹徒高位腿或拳击。在贴身搂抱缠斗之时，可猝然屈臂成肘突袭歹徒侧面，功效甚佳。

横摆肘是属可随机应变的、变化较多的招法，可从多个角度重创歹徒，故除了常规水平横摆外，在垂线 180°内，任何角度皆可发肘，所发出的远肘路线成斜上击或斜下砍的区别。有时由侧面挥肘上冲而后由上朝下击，肘尖在空中划一半圆，角度刁钻，难以防守。

横摆肘一般与摆拳或直拳相连贯而应用，在摆拳或直拳击出后迅速屈肘，利用身体扭动而产生的惯性向歹徒的腮、颈、头、胸及两肋的某一部位猛摆。还可突然变招改用挑肘，至下而上挑歹徒下巴。

(1) 左横摆肘

由格斗预备姿势开始，左脚前跨，身体右转，以拧腰之力带动左肘由左向右横摆，击完后恢复实战姿势。(图 4–79、图 4–80)

图 4–79

图 4–80

(2) 右横摆肘

在格斗预备姿势的基础上，左脚前跨，身体左转，以拧腰之力带动右肘由右向左猛摆，击完恢复格斗预备姿势。(图 4–81、图 4–82)

图 4–81

图 4–82

5. 后击肘

后击肘是危急时借以解围的招法，当歹徒自后面进袭、搂抱、箍颈时，屈肘攻击歹徒，从而变被动为主动。向身后发动反向肘击时，应先将要用于攻击的臂在自己身前展开，之后迅猛地把肘抡回，肘尖瞄准歹徒；同时，脚步迈回，以给肘部增加撞击力。

当背后被接近的目标压迫或失位背向歹徒时，使用后肘招法向后朝目标猛力撞击，往往可化险为夷。歹徒从后面搂抱我腰而两臂外露时，可迅速旋身转体用侧后击肘猛顶歹徒腹肋。当歹徒从后双手将我拦腰抱住，双臂被抱在里面，而歹徒没有完全箍紧之时，迅速屈肘外撑，用后击肘猛顶歹徒胸肋，可收到出其不意之效果。

五、膝法攻击技巧

膝是贴身扭斗的最佳击打武器。在近距离打斗中运用踢技是不切合实际的，膝击则是最具效力的。膝击时加用髋劲更加强了膝击的威力，加之其进攻路线短、撞击速度快，特别是膝招隐蔽性好，因而其攻击杀伤力大，成功率也较高。膝从包括水平、竖向、斜向在内的许多不同角度做撞击，能迅速耗竭歹徒的耐力，使其气劲大泄，进而为重创歹徒创造机会。

在使用膝法时，如能很好地与箍颈、拉肩等动作配合，先紧箍住歹徒，不仅可以控制住歹徒，还可以使攻击力倍增。贴近歹徒时，沿着歹徒脖颈两侧伸出双臂，双手在其脖后紧扣在一起，将其脖颈夹住，立即对其施加压力，并合拢自己的双肘，以防歹徒挣脱。同时用力将歹徒的头扳按到自己的胸前，来控制其身体活动，然后以膝撞击。

膝招攻击的部位主要是腿、髋、腹、裆、肋、胸、头等。对上述任意一个部位做膝撞，都有可能使敌昏厥，甚至膝击击中身体的某些目标就能使歹徒在地上瘫成一团。当歹徒站立时，其裆部是最理想的攻击部位。当初次攻击令歹徒俯身弯腰时，接下来可用膝进行二次性重击，目标在歹徒的头面，若攻击到位，歹徒立即瘫倒在地。

许多自卫教练警告说，他们反对使用膝击攻击裆部，他们说：“歹徒常常很注意对裆部的防护，攻击裆部较难，而且一种糟糕的尝试只会更加激怒他们。”以上所说也许合乎某些逻辑，但对那些在街头有被侵袭体验的人，有些情况下提膝反击是唯一可行的方案。膝法无论是在裆部还是在大腿外侧区域实施都会产生高强度的痛感，对大腿外侧的撞击虽然不像裆部被撞造成那种疼痛类型，但是足以使你的手追加击打将歹徒击溃。在一些特殊情况下，膝关节作为人体最强大的关节，提膝反击具有强大的杀伤力，在特定的情况下是攻击歹徒裆部的主要武器。要实施提膝反击，为了保持身体平衡尽量辅以箍颈、拉肩等动作，弯曲任意一个膝关节并向上猛烈撞击。假如在1~2次尝试后歹徒还没有倒下，在他处于疼痛状态时，你可以用手指抠其眼睛或鼻孔，或以掌根猛击其鼻梁，歹徒会疲于应付，你可以随意着手后续的打击。

1. 前冲膝

前冲膝相对其他膝技而言，攻击距离较远，双方没有任何的身体接触，所以进攻必须严密遮护自身头部等要害部位。当歹徒向前猛冲时，运用前冲膝撞击极为有效。歹徒还正处在移动的过程中，用膝撞击，二力合一。前冲膝常配合上步、垫步等步法实施，进攻时可借助蹬地摧身之力，攻击力强猛。其攻防兼备，封挡皆宜。在中距离对峙时，以双手虚晃掩护，进步提膝向前冲撞对手的小腹、裆部、心窝。

前冲膝在实战中运用方式多种多样，主要用于中距离对峙时，以手架开歹徒拳攻，迫使对手空门大露，趁机跨步切入施冲膝猛撞歹徒。也可先以手法攻击其面部，以迷惑歹徒，封锁视线，趁歹徒忙于应付手部动作时，趁机施膝攻击。

（1）左前冲膝

在格斗预备姿势的基础上，右脚上前半步，身体自然前移，重心落在右脚；提左腿，仰身送髋，屈膝前撞，以45°角向斜前上方猛撞目标，力达膝尖，击完恢复格斗预备姿势。（图4–83、图4–84）

（2）右前冲膝

由格斗预备姿势开始，左脚前跨，身体重心前移，重心落于左脚；提右腿，仰身送髋，屈膝前撞，以45°角向斜前上方猛撞目标，力达膝尖，击完恢复格斗预备姿势。（图4–85、图4–86）

图 4–83

图 4–84

图 4–85

图 4–86

2. **上冲膝**

上冲膝是膝技中最基本的技术。上冲膝适于内围缠斗。在歹徒贴身抱摔或搂抱缠斗时，能直接撞击歹徒要害，在使用上冲膝时，多以单手或双手向下扳拉的动作相配合。一旦抓住歹徒，攻击腿马上直线后撤，从而为向上摆膝击中目标提供了足够的空间。当出膝前撞时，其力从髋出。为了增加额外的撞击力，要求有支撑脚的脚趾着地的提踵动作，使整个身体向前滑出，使膝撞更具杀伤力。同时以双手扣住歹徒的颈部回拉。

上冲膝攻击的主要部位是歹徒的大腿、髋部、腹股沟、太阳神经丛、肋、头面。上冲膝亦可用于防守下段，如歹徒用脚向自己中段扫踢过来，立即提膝格挡防守。

(1) 左上冲膝

在格斗预备姿势的基础上，右脚前跨并支撑身体重心，左腿屈膝，以膝关节为力点，迅速提起，向上顶击，击完恢复格斗预备姿势。（图 4–87、图 4–88）

图 4–87

图 4–88

(2) 右上冲膝

由格斗预备姿势开始，左脚支撑身体重心，右腿屈膝，以膝关节为力点，迅速提起，向上顶击目标，击完恢复格斗预备姿势。（图 4–89、图 4–90）

图 4–89

图 4–90

3. 斜侧膝击

在与歹徒搂抱扭打时，有时连施展上冲膝都比较困难。这时可实施扭抱斜侧膝击。膝撞时，两手紧箍歹徒颈部，侧提膝，使臀部和腿部后移，紧接着以45°角从侧面以膝撞击歹徒的腰肋、斜肌、髋关节。假如歹徒搂抱你过紧，则应放低目光，以斜侧膝猛击歹徒之大腿。

斜侧膝击在歹徒中线戒备森严，正面冲膝难以奏效或与歹徒形成有利于实施斜侧膝的角度时，可产生很好的效果。在扭抱缠斗时，可用双手搂住歹徒身躯、颈部、头部中某个部位拉拽扳按，迅速拧腰转髋，猛烈侧撞歹徒，使攻击力倍增。

(1) 左侧膝

在格斗预备姿势的基础上，双手前提，右腿支撑身体，身体向右侧倾，左腿屈膝横提，猛力拧髋，沿弧形轨迹撞向目标，击完恢复格斗预备姿势。（图 4–91、图 4–92）

图 4–91

图 4–92

（2）右侧膝

由格斗预备姿势开始，双手前提，左腿支撑身体，身体向左侧倾，右腿屈膝横提，猛力拧髋，沿弧形轨迹撞向目标，击完恢复格斗预备姿势。（图 4–93、图 4–94）

图 4–93

图 4–94

六、头部攻击技巧

头击最初是用在古朝鲜武术中，但是现在大多数的体系中都能见到，并且在综合格斗中已证明了它的效力。在自卫中，头部经常离目标很近，而且其攻击性易被歹徒忽视，加上头部的坚硬，如果适时地以头撞击，定会取得重创对手的效果。头撞技术在酒吧的酒鬼之间非常流行，这一技术通常在双方争执的过程中突然使用，往往使受害者防不胜防。

无论你在站立或是倒地都可以使用头撞技巧。如果你是站立，这个动作做起来有些像出拳，只是把后腿作为发射的平台。如果你与歹徒扭斗，你可以反复采用头撞歹徒的颧骨，并以此打开缺口。无论哪种情形，带有足够力量的短距离头撞都可以击破歹徒的面部。

当与歹徒缠身扭斗，常规武器难以实施时，以头攻击歹徒最为理想。头撞前、后、左、右的目标均可。头撞最有效的目标是歹徒的鼻子、眼睛、下颌、太阳穴、耳后神经。要避免攻击嘴部，因为歹徒的牙齿使攻击者有受伤的机会。

当双方扭在一起的距离范围内，你的前额又恰好处于歹徒胸部处，这时利用头顶部向上猛抬的方式，从下面攻击其下颌。

当你被歹徒从身后抱紧，上体难以动弹，此时可将头微屈，突然挺颈后顶，用头后部撞击歹徒面部。这一招较难实施，因为顶撞时无法看清歹徒，撞击效果可能不甚理想。因此，后顶这一招要配合踩脚、抓臂等动作，效果更佳。

向对手脸部或眼睛吐唾沫，是一种用来分散歹徒精力的办法，你可借此更好地抓握住歹徒或向其发动攻击。在扭斗的近距离范围内，牙齿也能派上用场。在贴身缠斗时，你就会发现鼻子是歹徒脸上最容易让自己牙齿凑上去撕咬的部位。另外还可以用牙咬耳朵等任何突起的部位。用嘴咬听上去很血腥，很不雅观，但是想想另一方面：街头打斗或许性命攸关，那么现成的这么优越的武器干吗不用呢?

七、身体武器的训练方法

1. 空击

先讲究技术规格，学会格斗势出招，然后从原地训练过渡到结合各种步法训练，再过渡到步法中进行各种技法组合训练，使技术与实战紧密联系。结合步法练习，重点应解决身体上下的协调配合，做到步到拳到，发力完整。

基本技术熟练后再进行假想空击练习，此种练习是与假想的歹徒进行实战的徒手训练。训练时如临大敌，全神贯注，反复设想在各种情况下进攻歹徒和防守反击。因为假想空击是没有对手的徒手练习，很容易使习练者松懈大意，盲目胡打，漫不经心、没有任何战术意识。这种无目的的训练使习练者水平难以提高。在每次假想空击训练时，每一招都必须包含有的放矢的战术意图，要有一丝不苟的作风，为实战训练打下坚实的基础。

自由组合练习既可提高组合技法的速度、平衡、节奏、协调等能力，又可训练出个人风格的组合技法。同时它还能丰富练习者的战术思想、攻击意念及想象力。训练时，可按组合技法的要诀与原理，结合自身的条件、素质、技术特长，自由组合、编排数种组合攻击技术，进行反复练习。训练各种技法的协调配合，进退的平衡，以及连环出招落空时的收势回防的连贯性。以动作流畅，收发自如，节奏适宜为度。例如“左直

拳—右戳指—左摆肘—右顶膝—左底掌—右侧踹”的组合攻击技法。（图 4–95~图 4–100）

图 4–95

图 4–96

图 4–97

图 4–98

图 4–99

图 4–100

2. **击打靶垫**

靶垫是自卫术培训中必不可少的器材，而且也是所有技击术练习中常见的用具。击打靶垫是训练学员准确打击、击打速度、反应速度、击打距离感、维持身体重心平衡能力的一种绝佳的训练方法。持靶人扬出什么样的靶位，练习者就打什么样的招法。持靶人远距离单手扬出靶垫，靶心向前，就用直拳击打（图 4–101）。持靶人双手扬出靶垫，靶心向前，就用左右直拳打靶（图 4–102）。持靶人左手持靶，靶心向右，就用左摆拳击打靶心（图 4–103）。持靶人右手持靶，靶心向左，就用右摆拳击打靶心（图 4–104）。持靶人左手持靶，靶心向下，就用左上勾拳击打靶心（图 4–105）。持靶人右手持靶，靶心向下，就

图 4–101

图 4–102

图 4–103

图 4–104

用右上勾拳击打靶心（图 4–106）。正常练习时，习者还须做一下自卫动作。而在数人排队轮流击打时，可不做此自卫动作。持靶人要随时调整、变换靶的高度以及与习练者之间的距离。

图 4–105

图 4–106

习者对击打靶垫的练习熟悉后，持靶人就可口令指挥，控制练习，他会喊出令习练者出击的打法，比如“双击、左勾拳、右摆拳”。同时，他及时变动靶垫的位置、距离、高度去接受所指定的击打。持靶人并不是站在一个位置不动，他要经常移动位置，迫使学员练习步法。习练者每次完成他的击打或组合拳后，持靶人就要移到一个不同的位置。

靶垫对练习正面快踢（利用脚背）及拧身扫踢都是适用的，对发展踢打的准确性、机动性、灵敏性和力量有极大帮助。置于持靶人髋部高度的靶垫可用于练习低位拧身踢腿（图 4–107）。如置于腋窝相对高度的位置，靶面朝外，适于训练中部的拧身踢腿（图 4–108）。如置于腹部高度，靶面朝下，可用来训练用脚背发出攻击的前踢脚（图 4–109）。持靶人在体前横侧偏前方举起靶垫，靶垫面朝外，高度同持靶人的头部，可用于训练瞄向头部的扫踢。这里示范的是踢击小靶垫。其实，踢击大型靶垫效果更佳。

图 4–107

图 4–108

图 4–109

练习膝部攻击技术时，持靶人把一只靶垫紧贴自己的大腿，靶面朝外，习练者扬起膝盖，以侧膝撞击靶垫。要想训练膝部上扬式的撞击，持靶人应把两只靶垫都置于自身体前，约腹股沟高度，右手搭左手上方，两靶面都朝向地面。习练者可握住持靶人的手臂，抬起膝部撞击。或者抓住持靶人肩部的衣服向靶垫施膝攻击（图 4-110、图 4-111）。这里示范的是膝击小靶垫。其实，膝击大型靶垫效果更佳。

图 4-110

图 4-111

3. 击打模拟人

在自卫术培训中，也应配置与真人大小相似的模拟人，模拟人的手臂、头、腿应齐全。在模拟人身上标好要害部位。令习练者在它身上训练已学过的拳脚技术。击打时从不同位置，用手、脚、膝、肘、头各部位以尽可能快的速度毫不留情地攻击这些模拟人。

我们可以在距离模拟人眉心以下的地方绑上纸壳圆筒来模拟咽喉，用它来练习劈掌、掐喉和指关节攻击效果绝佳。击打眼睛和咽喉也要配合滑步和后撤步。还可以给模拟人戴上帽子、眼镜、围巾或穿上衣服，使训练更加接近于实战。在练习时一定要把模拟人当成你的敌人，假想与歹徒打斗，想象对手的变化，从而做出诱攻、闪躲。不要掉以轻心，随随便便地乱打几下，否则在真正实战的时候非常容易失效。练习时想象要真切合理，如同实战，同时动作配合要有章法，亦攻亦收，精神集中。

4. 击打练习袋

击打练习袋可能是练武者所了解的最古老的训练方式了。尽管它有些老古董的味道，但它可训练习者手脚肘膝的力量，能改进技术、协调动作，增加击打速度，控制出招距离等。

拳打练习袋时要尽量将拳握紧，手腕挺直，放松手腕易挫伤腕关节。击打部位应是练习袋正中部，切不可击打两侧正面，以免打转练习袋使手腕手指挫伤。拳打练习袋有远距离和近距离两种打法。远距离主要练左右单发直拳和左右直拳连击（图 4–112、图 4–113）。近距离逼近打法，主要练习摆拳和勾拳（图 4–114~图 4–117），练习体力和耐力。逼近打法不要让练习袋回到垂直线就逼近连续击打。这样练习袋就有一种回摆来的压力，就有一种逼近打法的逼真感觉。

图 4–112

图 4–113

图 4–114

图 4-115

图 4-116

图 4-117

脚踢练习袋时要注意接触位置的正确性，出腿时机不对的话，可能会使脚踝受伤。必须注意只能用脚背和胫骨抽击练习袋。以脚尖踢，不但难以发挥威力，还容易把脚踢伤。踢腿时机，最好在练习袋摆至垂直位置时击中练习袋。踢击的正确部位是练习袋弧形凸起最大的部分。踢击练习袋的瞬间，支撑脚突然转动，才能踢出有力的腿击。练习袋最适于练习前踢、扫踢、侧踢和后踢（图 4-118~图 4-122）。把练习袋平放于地面上，也是训练踹踢能力的好工具。训练低位踢击及横扫动作时，建议用一个长 2 米低空悬垂的练习袋（图 4-123、图 4-124）。

图 4–118

图 4–119

图 4–120

图 4–121

图 4–122

图 4-123

图 4-124

肘击练习袋时，先用左直拳击打练习袋，使其后摆（图 4-125），在练习袋回摆瞬间，蹬脚扭腰以肘攻击练习袋，同时身体前压以增加击肘的力量（图 4-126~图 4-129）。上下配合协调完整。在训练肘击练习袋时要细心体会正确技术及发力方法；逐步由单招肘击过渡到双肘连续猛撞练习袋训练。

图 4-125

图 4-126

图 4–127

图 4–128

图 4–129

在这种练习袋上训练膝部攻击能力的绝佳办法就是给练习袋穿上“衣服”，可用一个宽松的袋子套上练习袋，或用旧衣服给它套上。这样，习练者就能夹紧或抓住它，并用膝部撞击，就像撞击一个真的对手一样。（图 4–130~图 4–133）

图 4–130

图 4–131

图 4-132

图 4-133

5. 模拟实战训练

格斗术最实用的训练方式还是应与一位或多位陪练员进行实战对练。

实战是粗野的，也是令人恐惧的，更是难以预测的。因此，你不能完全依赖于程式化的训练，这不是推测，而是被无数士兵和警察的经历和死亡报告所证实了的。那些训练有素的特种兵和警察认为，当遇到亡命之徒时，受传统模式训练的人将难以取胜。事实上，在一个实际的袭击过程中人的行为非常杂乱无序，肾上腺激素分泌加快，生命时钟时快时慢，生理调节乱而无序。这时你可能会感到心里发慌、惊慌失措，无法控制自己，感到有拳发不出，有腿踹不动，致使许多可以利用的时机白白错过。综其原因，其主要之一就是在训练中根本没有施加紧张感和恐惧感，没有在实战的危险中进行训练。

进行模拟实战时，为了避免意外的发生，陪练人通常穿一身保护服（有时自己还穿保护服）。保护服将所有的要害部位都保护起来，尤其是头部，头盔上面覆盖有厚厚的泡沫。裆部有两层保护层来分解和缓冲击打力。防卫者就可以随意打斗而不必担心会伤到队友。“敌人”用真实的语言和身体姿势，加一些简单而粗暴的动作来攻击受训者。受训人严密防守同时全力高速地打击“歹徒”的要害部位。

若想使所学到的格斗技术确实有实用价值，必要的做法就是在真实的环境中进行格斗训练。学员学习的格斗技术大部分将在复杂的环境中使用，因为大部分攻击和打斗将在那里发生。在复杂环境中训练能使学员从中受到启发，它们将帮助学员适应在遭遇到真实打斗时应付各种状况，诸如各种崎岖不平的地面，建筑物内部有桌椅及其他物品的环境里。在真实的环境中，格斗技能被多次反复训练，以至于无论遇到何种打斗实境，这些格斗技能已成为学员身体本能自觉反应机制的一部分。

在模拟仿真训练时，存在着几个基本原则。

第一，要施加真实的危险因素。让扮演劫匪的人真正去进攻那些受训学员，如果受训者松懈大意、漫不经心，那他们将会在一定程序上受到伤害，这样一来就迫使受训者不得不采取一些简易明快的措施予以反抗。训练时可以设置一些恐怖的狂吼和污秽的场面，为受训学员提供模拟仿真的危险环境，可以在能见度较低、移动空间有限和没有退路的地方进行格斗训练。让受训学员身临其境，真正处于那种危机境地，锻炼学员的反应能力和在险境中的打斗能力。

第二，身着你日常穿的衣服进行打斗训练。因为便装和携带物在打斗时会严重阻碍你可动用的肢体武器。所有的学员都必须定期穿着便服来进行打斗训练，而不能只穿运动服。

第三，我们推崇的方法注重的是用一种不合作的方式进行实战对练，强调的是意外的东西。

一个搏击体系若把上面说的那些理念融入日常训练之中，就会比其他的训练体系更能够发掘学员的快速反应能力。也就是说，一种搏击体系在传授格斗术时能够以一种动态的、无限制的方法进行训练，就会比那些训练方法死板的搏击体系更加能发展学员的实战反应能力。

第三节　格斗技战术及训练方法

一、先发制人

如果你没有用计谋和智慧去避免与歹徒面对面和即将来临的暴力冲突，那么你就会受到伤害。特种格斗术提倡在歹徒攻击之前抢先出手并乘胜追击直至歹徒彻底丧失战斗力为止，以便让你安全脱离危险。如果你等待着最终证实歹徒的攻击，它常常会使你受到严重的伤害。一旦你决定在歹徒出手前攻击对方，你必须迅速制服歹徒致使其没有能力来伤害你，如果你认为可以用别的方法去有效防御一个健壮和很有技巧的歹徒是不现实的。因为暴力冲突与拳赛不同，街头打斗时，歹徒的攻击突如其来，他们会突然扑向受害人并在数秒钟内结束战斗，绝大多数情况下，受害者没有时间去闪躲、封阻或逃脱。如果你突然袭击，出奇制胜，在歹徒尚未来得及反应时结束战斗，将其制服，那么你既赢得了胜利，又把这场格斗的危险系数降到了最低。

自卫术的专家们在经历了许多街头冲突的实践后，深深地体会到有些人对正当防卫的认识还存在有很多错误的看法。其中一种是当暴力冲突即将来临时，有些人仍想以和平的方式化解危机，但往往事与愿违，常常会出现因自卫者心理和身体上的准备不足而使其受到严重伤害的现象。因为一种和平的解决方案需要双方共同的努力，如果一方有明显的使用武力的迹象，他最大的可能是选择打击你而很少选择离开你。假如一种攻击即将来临以及不存在逃脱之路，要懂得能够让自己安全的最佳办法就是打击和制服对手。

先发制人训练提要

在训练时，一旦你的训练伙伴靠近你，立即打击他。你应该清楚，街头逃生取决于你快速、猛烈、致命的反应。快速的反应（具体的反应方式并不重要）比迟缓的反应要好得多。如果行动迟缓，再正确的反应都毫无意义。如果你懂得了这个道理，你就应该记住，你在道馆里面练习的技击术在面对真正的实战压力时都是没有作用的。

模拟训练时，训练伙伴全副武装，所有的要害部位都有保护，尤其是头部，好像一个橄榄球运动员戴的头盔，用厚厚的泡沫制成，练习者可以向他施以猛烈的击打。

①当歹徒与我对峙，我突然以双手合拍敌人双耳，奏效后双手顺势下扳歹徒颈部，用左膝撞击歹徒面部。（图 4–134、图 4–135）

图 4–134

图 4–135

②当歹徒与我对峙，我先以右弹踢攻击歹徒裆部，歹徒以手臂下移防守，我迅速以左扫踢攻击歹徒肋部。（图 4–136、图 4–137）

图 4–136

图 4–137

③当歹徒与我对峙，我突然以左拳攻击歹徒眼睛，歹徒防守，我收回右手的同时以右弹踢攻击歹徒裆部；紧接着，我顺势用右手臂将歹徒脖颈缠锁于我右腋下，同时用左手抓牢自己右手腕助力，窒息歹徒。（图 4–138~图 4–140）

图 4–138

图 4–139

图 4–140

④当歹徒与我对峙，我以左底掌攻击歹徒下巴，接着以左扫踢攻击歹徒膝关节外侧，左脚落步，以右上勾拳猛击歹徒腹部；上右步，左手臂将歹徒脖颈缠锁在自己腋下，窒息歹徒。(图 4–141~图 4–144)

图 4–141

图 4–142

图 4–143

图 4–144

二、遭到拳脚袭击时的防卫

歹徒并不喜欢与你进行公平的打斗来制服你。他喜欢在你毫无防备或者出乎你意料的时候实施打击。他想要给你造成严重的伤害。在他达到目的之前，他不会停止攻击。在他的心里，最好的方法就是在伤害你时，你毫无反抗能力，没有防守、没有格挡。面对突如其来的打击，你首先做出的反应就是尽可能地保护自己的身体不受伤害，同时也要为自己找到合适的位置进行还击。

特种格斗术自始至终都把防守与反击作为一个整体看待，防守与反击虽然在理论上可以区别开来，但在实战中绝不可把二者分开，也就是一次防守必须伴随着反击。即使在不利情况下后退，也必寓含着随时反击的余地，而更多的是在后退中依然有进攻。实践证明，搏击时应对对手进行快捷凶狠的攻击，如果采取消极防守而不敢反击的话，那么只能在歹徒的狂轰滥炸之下失败。防守与反击两者关系密切，因而训练时一般将这两种技术结合在一起进行训练。

1. 针对前手攻击的防守反击

对来自前手的击打进行防护时，防卫者应该：

①用自己的后手挡住，同时前脚向前移动。

②以左勾拳攻击歹徒头部，同时右手移到歹徒的颈部后面，锁定其头部并控制歹徒的右臂。

③双手向下扳按其头。

④用膝部向上迎撞歹徒面部。

⑤紧抓住歹徒颈后部，以扫踢将其摔倒在地。

2. 针对后手直拳攻击的防守反击

①抬高你的双手，以前手格挡来拳。

②双手向侧面引导歹徒的攻击手并顺势下拉使对方失去重心。

③向外侧实施锁臂技术。

④用一手缠住歹徒手臂，并用另外一只手下拉歹徒头部，再以顶膝迎击其面部。

3. 针对上钩拳攻击的防守反击

①用前手进行低位的封阻。

②用后手拍击歹徒的肘部内侧，迫使歹徒露出空当。

③用前手攻击此空当，同时后手移动到歹徒颈后部以控制其上体。

④双手用力向下扳按歹徒头部。

⑤用膝部猛撞歹徒面部。

⑥紧抓歹徒颈后部，以扫踢将其摔倒在地。

⑦利用毒招打击歹徒，结束打斗。

4. 针对前踢的防守反击

①抬高前手准备防守，后手在躲避歹徒来腿的同时从下向上抓住其踝关节。

②用前手缠抱歹徒腿部，然后两手协力控制住其腿。

③用另外一只手以直拳打击歹徒面部或以膝盖顶其腹股沟。

④扫绊歹徒支撑腿使其倒地。

5. 针对正面踢踹的防守反击

①用前手进行格挡。

②用后手抓住歹徒衣服的后领口。

③用后腿猛力侧踹歹徒膝部，使其跪倒在地。

④用前手抓、抠歹徒眼睛。

⑤强力使其头部后仰，露出喉部空当。

⑥用手掌猛劈其喉部，重创歹徒。

6. 针对抡踢的防守反击

①向侧面闪躲，并以手臂搂抱来腿。

②用后手攻击歹徒面部。

③用攻击手抓住歹徒肩部，用前腿膝部顶击歹徒腹股沟。

④扫踢歹徒支撑腿将其扫倒。

⑤以膝部向下顶击歹徒腹股沟结束战斗。

防卫拳脚袭击训练提要

防卫拳脚袭击技术需要大量的训练，以养成对歹徒打击速度、方向的良好判断及防御反击时机的良好把握。如果你接受这样的训练越多，那么你就能够越好地感觉到对方将采取何种攻击方式，从而为自己赢得反应的宝贵时间，并能够在对手实施突然攻击时进行防御反击。在这样的情景下，防御反击技能被多次反复训练，以至于无论遇到何种的攻击，防御反击已成为你身体本能自觉反应机制的一部分。

防卫拳脚训练提要

在进行防卫拳脚训练的时候，训练伙伴放慢速度进行击打。对手的目的是要在控制你的基础上攻击你，而你的练习目的则是运用拳法反击对手的身体。你必须学会找到适当的目标以拳头反击他以迫使其失去平衡或者阻截对手实施攻击。这一训练应该集中于运用适当的技术来使你学会运用合理的身体技术以避免对手的攻击。

①当歹徒以左拳攻击我面部时，我迅速向一侧闪躲，同时以右手擒抓歹徒左臂，以左掌沿劈击歹徒颈部；接着以左臂箍住歹徒颈部，用力拧抬歹徒颈部，窒息歹徒。(图 4–145~图 4–148)

图 4–145

图 4–146

图 4–147

图 4–148

②当歹徒上右步侧身以右直拳攻击我头部时，我迅速左闪，以右臂拨挡其右臂外侧，身体右转，右手顺势抓其右腕，左手推其肘，同时我右转身以左脚踩踏歹徒右腿膝关节。（图 4–149~图 4–152）

图 4–149

图 4–150

图 4–151

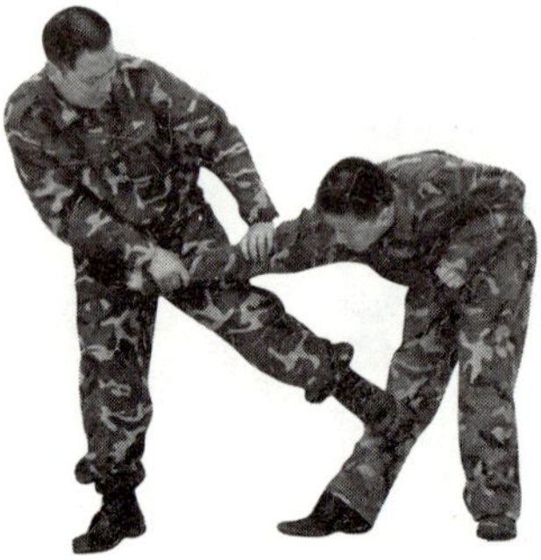

图 4–152

③当歹徒以右直拳攻来时，我向左侧斜上步，闪过歹徒拳后以左手按住歹徒后脑，以右手扳歹徒下巴，将歹徒头逆时针扭拧，致使歹徒倒地。（图 4–153~图 4–156）

图 4–153

图 4–154

图 4-155

图 4-156

④当歹徒以右腿扫踢我腰肋时，我立即垂左肘挡架，破势后用肘弯紧挟其腿，同时上步，用右拳猛击歹徒面部。(图 4-157、图 4-158)

图 4-157

图 4-158

⑤当歹徒以左脚侧踹我中段时，我上步使身体左转 90°，以双手快速抱住歹徒踢来之腿，并迅速向左或向右猛力扳扭拧转其脚，使歹徒倒于地上。（图 4–159~图 4–162）

图 4–159

图 4–160

图 4–161

图 4–162

⑥当歹徒前冲以右摆拳攻击我头部时，我屈左臂格挡，同时以右直拳攻击歹徒面部，如歹徒上体向左倾斜，我趁势扳拉歹徒颈部或肩部向下猛用力，同时施右膝猛撞歹徒裆部。（图 4–163~图 4–165）

图 4–163

图 4–164

图 4–165

⑦当歹徒以左拳攻击我面部时，我以右臂向内格挡，并锁住歹徒左臂，左拳猛击歹徒面部，继而以左脚踢击歹徒裆部。(图 4–166~图 4–168)

图 4–166

图 4–167

图 4–168

⑧当歹徒以右直拳攻击我面部时，我迅速俯身向左侧潜闪，用右直拳击打歹徒腹部；接着以左摆拳攻击歹徒头侧，再续以右上钩拳攻击歹徒腹部，然后以右扫踢猛踢歹徒左小腿部，将歹徒踢倒。（图 4–169~图 4–173）

图 4–169

图 4–170

图 4–171

图 4–172

图 4–173

⑨当歹徒以右手抓住我的衣襟，欲以左拳击打我头部时，我左手紧扣歹徒的右手，右手随即向上格挡歹徒左拳臂，同时以前额撞击歹徒面部；紧接着用左直拳猛击歹徒面部，歹徒受击后退，我趁势以左脚猛蹬歹徒胸腹部。（图 4–174~图 4–178）

图 4–174

图 4–175

图 4–176

图 4–177

图 4–178

⑩当歹徒以右拳砸向我头顶时，我以左臂向上格防，同时以右直拳猛击歹徒面部，接着双手抱住歹徒前腿将歹徒摔倒在地。（图 4–179~图 4–182）

图 4–179

图 4–180

图 4–181

图 4–182

三、关节控锁与勒脖

控锁技术，它们应用的是物理学上的杠杆原理，在歹徒的关节处施加压力，使歹徒关节处于非正常生理活动范围，使其因关节剧痛而全身受制。

关节是骨与骨的连接处，通过附着于关节周围上的肌肉韧带，在神经系统的支配下，而实现人体机能的一切运动。任何关节的本体结构和活动规范都是不可改变的。超出本体结构违反生理特点者，关节的凹凸两面会相互脱离而造成脱臼，疼痛难熬，丧失活动能力，筋必然扭曲，不能继续维持生理功能，而这些伤害还能使人体神经、经络及血液循环、肌肉等受到株连。控锁技术攻击的目标主要是肩关节、肘关节、手指关节、腕关节等。

肩关节稳定性差，容易发生脱落。用暴力向左右拧、向后扳至极点，或以压力击打，会造成肩关节脱位，引起韧带、肌肉撕裂致伤。肩关节控锁技术最常用的技术是单臂肩扣锁，单臂肩扣锁又可称为转臂折肘，就是先抓住歹徒手臂然后向后拧转，如果他企图挣脱，你只需高抬其手腕即可对其肩胛产生扭转，从而对筋腱和关节产生巨大的张力。此种技巧在捉拿犯罪嫌疑人时较常用。

肘关节活动范围相对较小，当肘关节完全伸直时，由后方猛施压力或将肘关节向左后、右后拧转时，会造成关节脱臼、韧带肌肉撕裂或鹰嘴骨折，使前臂、手部的功能丧失。与歹徒接近时，快速扣抓歹徒手腕，随即迅速用另一只手抓住所擒手腕的肘关节处，然后与推腕反方向扳动其肘部，使之手肘形成“S”字型。此时如果你突施暴力，可造成歹徒手肘关节脱臼。

腕关节虽然活动范围较大，但很薄弱，如果用力使腕向任何一个方向过渡扳拧，都能使腕部的骨韧带损伤，可使关节脱位，韧带和肌腱撕裂，甚至断裂。控制锁腕关节时，首先，要保证你的对手的手肘和腕部在一个90°的角上，这些要求你在与歹徒接触后快速把握。然后在他的前臂形成一个“C”状，俗称C锁。这种方法的优势是，无论歹徒多么强悍，只要你在他手腕处形成C锁，那么他就很难挣脱。锁腕动作是一个连带性很强的攻击方式，它不仅对腕部造成伤害还会对肘部和肩部也造成损伤。将歹徒手腕向任何方向狠劲折别，都能使歹徒剧痛难耐。

手指是关节中最脆弱的部位，掌骨薄弱，指骨细小，韧带纤脆，末梢神经遍布，稍稍施加压力即可造成指关节韧带撕裂，甚至脱臼断裂。指关节最易控锁。“十指连心”，一经拿制，疼痛难忍，牵制全身。在实战中，应用锁指功夫能够达到两个目的：使站着的对手难以控制平衡，无力反抗，或者使对手摔倒于地。如果学员想让对手保持站姿的话，他就会使出锁指使对手失去平衡，而对手只能顺势乖乖地被操纵，或拼命挣扎，企图滑脱。使用锁指的关键在于用力将手向后折压、扭拧，造成其手指疼痛难忍。出于自护本能被锁指者往往要顺势移向身体的反方来减轻疼痛。这时就能轻而易举地牵制对手，使他的身体随着被控制的那只手的方向变化而改变。如果想要对手倒地，也并非难事，此时只需改变指的角度和力度，对手就会顺势倒下，当然如果不倒的话，那就惨了，因为可能会造成关节韧带撕裂，甚至脱臼断裂。

头颈是人体的要害部位之一，是打斗中易受攻击的薄弱目标。头乃人体之司令部，四肢百骸的运动都受其控制，其骨质虽坚硬，然颅内有脑神经系统及血管网络分布其中，故控锁之可使歹徒缺氧而窒息昏迷，甚至受伤而死。颈部是头与躯干的重要联系枢纽，而颈关节仅靠一根颈椎支撑。另外还有颈总动脉、向脑部供血的大血管、迷走神经等重要经脉通过，很少有人能够挺得住对颈部的勒压。对头颈控制的主要方法是，掐窒和勒颈。从根本而言，掐窒和勒颈的头部控锁就是为了切断歹徒的脑部供血渠道。掐、勒动作，利用压迫颈动脉和颈静脉使供氧工作停止。掐窒的动作还能通过压迫气管而阻断氧气供应。实施这些打斗方式时，能令歹徒数秒内就失去知觉。对颈部的反关节，主要是将歹徒的颈椎向后或者向两侧突然进行猛力的改变方向，从而使其颈椎发生断裂。

控锁与勒脖技术训练提要

控锁技术动作必须建立在熟练掌握动作和熟悉人体要害部位的基础上，并需要有足够的力量和速度，否则很容易被对方反制。因此，训练时要注意力量和速度的基本素质练习。同时，要结合实战，对打、踢、挡、抓、拧、拉等动作要不断反复地练习，才能达到迅速控锁对方的程度。唯有如此，在实战中，方能使对方束手就擒于锁制动作之下。

在进行控锁技术训练时，找一名经验丰富的训练伙伴，诱导习者训练控锁技术，以此来培养习者的反应能力和正确运用控锁技术。诱导者应及时抓住习者动作不到位之时机给予反击，以引导习者掌握动作。陪练是控锁技术训练中的一个重要性环节。应该指出的是锁喉技术极端危险，在练习锁喉技术时，必须非常小心，练习者同时必须很熟悉救生的一些措施，以便在危急时刻救活你的训练伙伴。在训练时，同伴的喉部、食管或气管很容易受到创伤，有时也许是终身的。施展锁喉技术时，应当锁住颈动脉而不是去压迫气管。用手指或手腕锁喉无疑是有效的，但却不宜常用，因为当你在真实的打斗中运用这些技术时，很容易折断指骨。肘锁是种很好的快速结束打斗的技术，因为它有很强的力度。故在你将要伤害到同伴的韧带之前，应立即将其松开。

①当歹徒从前面用右手抓住我左肩时，我迅速用右手将其右手抓按于肩上，同时左臂绕举于歹徒右臂外侧，随即以右手用力将其腕向右下方扳拧，与此同时，一边向右转身一边用左手猛烈下砸其右肘，将其制服。（图 4–183~图 4–185）

图 4–183

图 4–184

图 4–185

②我以左手扳住歹徒后颈回拉下压于自己右腋下，接着以右臂紧紧缠绞住歹徒颈部，然后左手从歹徒右腋穿过并向上抓住其肩部衣服，控制歹徒。（图 4–186~图 4–189）

图 4–186

图 4–187

图 4–188

图 4–189

③当歹徒以左手抓住我衣领欲以右拳攻击我头部时，我右手抓住歹徒左手腕，左手推挡歹徒右臂，接着右脚插于歹徒右脚后；同时，右手抱住歹徒的颈部向左转体，左手扒抓歹徒眼睛，将歹徒摔倒在地，制服歹徒。（图 4-190~图 4-194）

图 4-190

图 4-191

图 4-192

图 4-193

图 4-194

四、挣脱搂抱与锁制

在街头打斗中被袭击者抱住是经常发生的，在巷战中歹徒也很乐意使用偷袭手段将受害者抱住。歹徒悄无声息地从后面突然勒住你的颈部或抱住你的手臂和身体。也可能面带微笑地从你身边经过，在刚好走出你视线的一瞬间突然冲向你并勒住你的脖颈，而你必须采取防卫或反攻措施。作为挣脱的重要组成部分，如果可能的话，你始终要把格斗目标定在把对手锁定或重创歹徒，然后再去直接处理他，把他在地面上制服。

1．正面掐住咽喉的反击

掐咽喉是一种手段十分险恶的攻击技术，摆脱掐咽喉的方法在解脱术中占有很大的比例。喉部包括呼吸道和食道，如用力掐压，就会使人头昏、四肢无力，甚至毙命。正因为如此，许多凶杀抢劫的杀招都会瞄准此处。因而对于掐咽喉解脱法的训练是自卫术的必修课之一。

歹徒双手直掐住你的咽喉并将你推靠到一面墙上。此时，你应将手掌合在一起由下向上从歹徒肘关节内侧向外猛分，即使他的两手没有从你的颈部离开，但颈部的大部分压力会被释放。接下来贴近歹徒用膝撞裆、杯形手拍耳、拇指抠眼等手段反击。或者迅速将右手从其左臂下穿过扣抓歹徒右手，同时右脚后撤，身体右转，右手用力翻扳敌右手背，同时左手弧形按压其肘关节。歹徒肘部受到压迫势必会松开你喉部，并迫使其上体左转前倾。

歹徒双手直掐住你的咽喉，这次他向后推你欲使你失去平衡。这种情景不能使用前面所述方法进行反击，因为你将陷入一场力与力的较量。此时，你应抬高左臂并将右脚后撤，倘若后撤迅速，你将重新找到平衡并破坏对手的平衡使其对你咽喉的掐抓有所松动。紧接着，左臂向下摆动反击歹徒的两手腕，随即用拳侧猛砸歹徒的面部。

歹徒单手直掐住你的咽喉并将你推靠到一面墙上。你用歹徒掐颈手的大拇指所对的手臂猛力向一侧拍打，致使歹徒松开对你颈部的掐扼。紧接着顺势用肘关节猛击歹徒头部。

2. 腋下缠锁头颈的反击

歹徒由正前方用手臂绕压你颈部时，为了从头部锁定状态中达到解脱，你首先要把夹勒的手使劲向下拉，以减轻压力。接下来的最佳反应手段就是抓、挤歹徒的裆部或者用拳去打击歹徒的裆部。

3. 后面锁住颈部的反击

当被歹徒从后面锁住颈部时必须设法尽快解脱，否则后果不堪设想。自卫术专家指出最常犯的错误，当被歹徒从后面锁住颈部时，从挟持中努力拉自己的头，实际上，这样做将会使窒息更严重。如果能够准确把握时机，采取正确的方法进行反击，不但能解脱歹徒的控制，而且还能给歹徒以有力的打击。被歹徒从后面锁住颈部时首先不能惊慌失措，应设法把喉结部位转到歹徒内侧拐弯处，以免被窒息，然后迅速反击歹徒。可用脚后跟向后猛踢歹徒裆部或后踢敌胫骨，踏歹徒脚背，然后用肘击、掏裆、手指戳眼等法攻击歹徒。

歹徒由后面以右手锁住你颈部的瞬间，你迅速低头同时双手抓住歹徒右手臂下拉，以减轻歹徒对你喉部的勒锁。随后就是用心感觉歹徒身体重心的位置，当歹徒身体靠近你背部瞬间，你上体及双臂猛然下倾同时臀部上挑，直接将歹徒从你背后背摔过去。

当歹徒由后面锁住你颈部用力后拉并用一条腿顶住你臀部时，你应当迅速低头并用双手抓住歹徒锁喉手臂下拉，同时顺着歹徒的力量向后移动步子，将与歹徒锁喉手臂同方向的脚置于歹徒前伸脚后侧。突然发力身体后转，并调整脚的位置，使歹徒瞬间失去平衡而倒于地上。

歹徒从身后以压头技法扣锁住你头颈部，你迅速以左脚跟向后猛力踢击歹徒小腿胫骨。歹徒受击发懵时，你迅速移动臀部，绕至歹徒侧后。以左脚绊别其双腿，使自己与歹徒同时仰面倒地。使自己倒在歹徒身上，倒下时趁势以左肘顶于歹徒胸部。

4. 背后抓肩的反击

歹徒突然从背后紧抓你的双肩，把你牢牢摁压在墙壁上。因为难以判断后面歹徒的情况，又难以向前逃脱，情况十分危机。此时他有几种手段可以攻击你。一是对你头部锁定，接着摔倒你。另一种方式就是以拳猛砸你后脑等部位。此时你最好的办法就是迅速主动前倾身体，双手支撑在面前的墙壁上做投降状。嘴里也可以说些请求他放你一马的话来迷惑他，然后，用后鞋底猛踢敌膝。如有运动空间，猛烈地向后踢击歹徒裆部，会立即见效。

5. 前面搂抱的反击

粗野搂抱是一个强壮的歹徒或强奸犯最常做的动作，他们喜欢挑选一个较为弱小的受害者。粗野搂抱如果被歹徒正确地应用有时是很危险的，因为它会造成隔膜的麻痹，致使呼吸困难而无法呼吸，甚至会使肋骨骨折。对付粗野搂抱你可用手指抠、戳歹徒眼睛或撕扯歹徒嘴唇，用手掏抓歹徒裆部，用牙齿去咬歹徒耳朵、鼻子等手段。在实施上述手段后在歹徒受击发懵瞬间，再以其他重招狠击歹徒。

歹徒从前面以双手将你腰部与手臂一齐抱住，你以两掌根顶在歹徒臀骨上，两肘顶在自己的臀骨上，通过双臂控制双方之间的距离，同时也防止歹徒施膝攻击。接着你以双手迅速抱住歹徒腰部，同时右脚向歹徒左脚后上步，左手抄抱歹徒左腿将歹徒摔倒。

当你的身体和双臂被歹徒紧紧搂抱，此时你的双手离歹徒的裆部较近，应迅速击打或扭抓其裆，如果击打或掏裆还不能使歹徒松手，可使用踩脚背、踹击胫骨或提膝攻击裆部来继续对歹徒进行有效的反击。

6. 衣领被抓的反击

在影视作品和现实中，我们经常看到一个攻击者牢牢控制住某个弱小的受害者，攻击者用一只手上提受害者的衣领，另一手拳击他的面部。但当歹徒的双手由于抓住你的衣领被占用而你的双手自由时，如果你懂得自卫防身的方法，歹徒的这种行动将会变成一种愚蠢的战术，往往这种愚蠢的动作之后才是对受害者的攻击，因此你有足够的时间选择反击的方法和对歹徒的伤害程度，杯形手的反击、膝部的反击、下踹或双重拳侧对太阳穴的反击都可以在此时发挥绝佳的作用。

7. 后面搂抱的反击

当攻击者从后面将你腰部连同手臂一齐抱住时，你左肩下沉，右上臂用力上抬，形成上下逆向发力，你的肩部力量会将歹徒分开，使身体挣脱攻击者手臂的搂抱，并顺势快速下蹲身体挣脱攻击者的搂抱。再施以别的招法猛攻歹徒。

当歹徒从身后紧紧搂抱住你时，通常的情况下将你抱起，欲摔倒你，这时，你用右脚回勾住歹徒右腿，使歹徒难以将你摔倒。歹徒将你放下后，你双手向前撑地，用左手后抓歹徒脚踝，右手撑地。抓稳后，双手向上扳拉其脚，臀部急剧下挫其膝关节，迫使其向后倒。

当歹徒从身后紧紧搂抱住你时，你用脚猛踩歹徒脚背是首先试用的好办法。向歹徒胫骨施以踢击，是令歹徒放松紧抱的另一有力办法；用鞋底猛踢歹徒膝部肯定使歹徒疼痛难熬；若有运动空间，猛力后踢歹徒裆部会立即见效。

挣脱搂抱与锁制训练提要

行进间攻防训练：在进行挣脱训练时，你和你的训练伙伴从某一个较远的距离相向行走。在没有任何预兆的情况下，对手突然扑向你并勒住你的脖颈或抱住你的腰部，而你必须采取防卫或反攻措施。通过练习，可以提高习者敏锐的反应能力。你接受这样的训练越多，你就可以提前意识到对手抓住你的意图，甚至可以感觉到对手攻击意图的一个动作的快慢。从而为你赢得做出反应的宝贵时间。

抓衣解脱训练：练习时对手抓住你的衣服。你训练的目的就是采取措施在对手实施进一步攻击行动之前就从其控制中挣脱出来。第二阶段的练习要从对手对你实施控制并欲攻击你的瞬间开始。这种练习的目的就是提高你应对对手推拉你的同时实施攻击的能力。

应用举要

①歹徒在我左侧以右臂将我头部缠锁于其腋下，我迅速以左手抠扒其眼睛，右手抓住歹徒裆部或外裤，两手协调用力，将歹徒提起，猛力摔至我膝部。（图 4–195~图 4–197）

图 4–195

图 4–196

图 4–197

②歹徒从我右侧用双手扼住我的颈部时，我降低身体重心并且扭动身体以便于右肩可以置于歹徒右臂的外侧，接着我重心抬高同时高举右手臂顺时针旋转缠住歹徒的手臂，并且用左掌攻击歹徒面部。（图 4–198~图 4–202）

图 4–198

图 4–199

图 4–200

图 4–201

图 4–202

③歹徒双手抓住我右臂向后拧扭，我以右侧踹猛击歹徒腹部，落右脚同时再以左直拳猛击歹徒面部。（图 4–203~图 4–205）

图 4–203

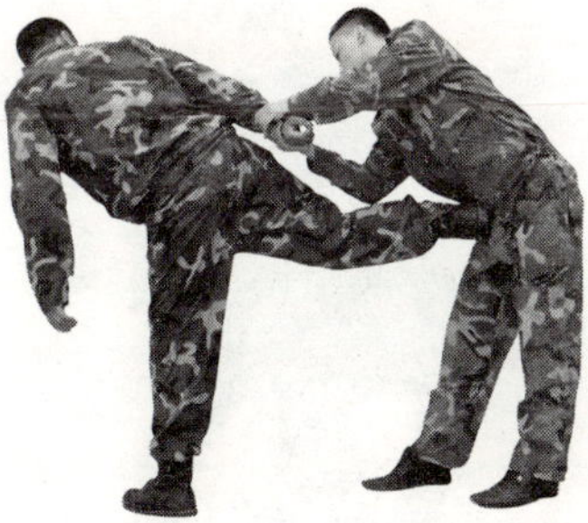

图 4–204

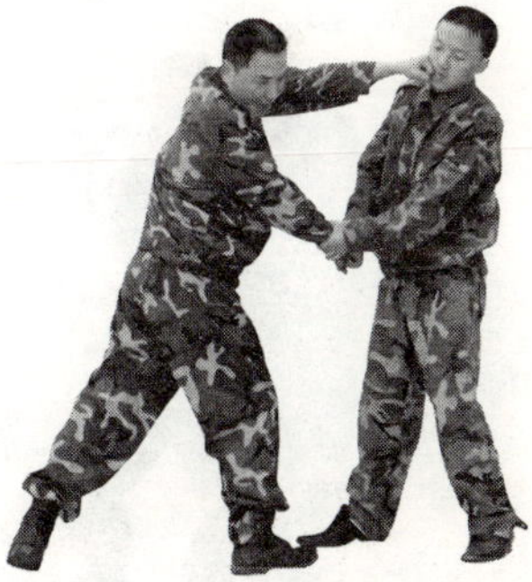

图 4–205

④歹徒从身后以右手臂箍住我颈部，以右腿顶住我臀部时，我立即低头，双手向下拉歹徒右臂，将右脚置于歹徒右脚后侧，然后猛然向右后转体，并调整左脚，将歹徒别倒在地，用脚踩踏歹徒右肘。（图 4–206~图 4–211）

图 4–206

图 4–207

图 4–208

图 4–209

图 4–210

图 4–211

⑤歹徒从前面抱住我腰欲摔，我迅速用双手掌合拍歹徒双耳；歹徒受击放开双手，我趁机以大拇指挤压其耳后，趁歹徒因疼痛而暂时神智昏闷时，我将右腿插至歹徒右腿后侧，将歹徒摔倒在地。（图 4–212~图 4–215）

图 4–212

图 4–213

图 4–214

图 4–215

⑥当歹徒从前面以双手抱住我腰部，我后撤右脚，两手猛然推击歹徒下巴或鼻子，迫使其松手，紧接着以右膝猛力撞击歹徒腰肋。（图 4–216~图 4–218）

图 4–216

图 4–217

图 4–218

⑦歹徒在身后双臂从我两腋下上插并以双手互扣按压我颈部，我迅速以右脚猛力踩踏歹徒脚背，趁歹徒受击屈膝时迅速移动臀部，绕至歹徒侧后，以右脚绊别其双腿，使自己与歹徒同时向后倒地并且使自己倒在歹徒身上，完成解脱。(图 4-219~图 4-222)

图 4-219

图 4-220

图 4-221

图 4-222

五、摔投技法

在实施拳打脚踢的距离范围内，你进入或退出尚有随意性。但是进入到缠斗范围以后，在打斗结束前，你就很难从扭打范围摆脱出来。因而特种部队格斗术理论认为，最好避免使用摔投技术。记住：以简练直接、准确迅猛的手足攻击重创敌人，或与敌人打远战或趁势脱逃才是安全之策略。

军事情报训练中心负责近身格斗训练的前主任雷克斯上校认为："与摔跤相比，击打应该永远是被优先选择使用的方法。"雷克斯上校在战时积累了丰富的经验，并为战略服务办公室（后来改为中央情报局）培训了超过 10000 名军事和情报人员。

当然也有其他例外的情况时，你可主动采用摔法。主动采用摔投法适于以下情形：

其一，并非生死打斗，只需制服歹徒而不必重创时。

其二，精于投摔之法，施技有把握时。

其三，歹徒放松警惕，肢体处于平常之放松状态时。

其四，歹徒攻防失措、技术失常时——这往往是依靠手脚之锋线打击造成的结果——你比歹徒更具耐力和力量上的优势。

除此之外，如果技术不娴熟，或技不如人，或力量不足，则不宜主动实施摔法制敌。在此类情形下非不得已，尽量不用摔投技术。记住：以简练直接、准确迅猛的手足攻击重创歹徒，或与歹徒打远战或趁势脱逃才是安全之策略。你必须因势就势、借势成事。

摔投可用于防卫、反击和逃脱。与其他防卫技术相结合，摔投技术就可使防卫者有能力承受与歹徒进行一场徒手打斗。

“出其不意”这个因素是实施摔投动作的关键一点，所以摔投时动作要迅捷、有爆发性。适用于应付突然袭击的最常用、最有效的摔投技术有：过肩式摔投、抓腿摔投、扫腿下绊式摔投、臀部及大腿摔投、扭腕摔投。

1. 过肩式摔投

越过肩膀向前摔，就是一手托起歹徒腋窝处，屈膝弯腰，令歹徒身体从自己肩与头上翻过，将歹徒摔倒在地。实施这种摔法之前向其裆部施于踢击效果更佳。这种摔法用于对抗用手紧抓住自己身体的锁制，用于对抗脖子上的锁定及对抗来自背后的攻击。

防卫者先紧抓住歹徒某部位，把歹徒向自己方向拉拽使其失去重心，转身，同时把自己左臂置于歹徒右臂下方，抓住歹徒衣服；屈膝，双脚都置于歹徒两腿之间，随即快捷凶猛地把歹徒从自己右肩上摔投出去。

当歹徒从后面箍锁防卫者颈部时，防卫者快速内收下颌，双手用力抓紧歹徒手臂用力下拉，屁股用力后顶，使歹徒重心前挺，身体扒在防卫者后背上，接着防卫者身体继续前挺，双手拉住歹徒双臂，把歹徒背到自己后背上，猛抬屁股，使歹徒腾空而起，最后拉臂、体前挺、顶臀协调连贯完成，将歹徒摔倒在地。

2. 抓腿摔投

实施抓腿摔投法动作之前，先应试用一些可以使歹徒注意力分散或反应迟滞的攻击方式，诸如用前臂攻击鼻子或用头撞鼻梁边缘等方法。一旦歹徒倒地，那就任由防卫者处置了。实施投摔技术前使歹徒攻防能力下降的一个绝佳方法就是：用头撞击歹徒的面部，随即，正当歹徒受击发懵时，从前面抱住其双腿拉抽，在歹徒背朝后倒下瞬间，防卫者可迅猛踢击歹徒的腰背部，重创歹徒。己方也可以从后面抱住歹徒双腿，在歹徒向前倒地时，抬脚踢击歹徒裆部。

实施抓腿摔投前也可用拳攻击歹徒面部，趁歹徒防守后仰时或者歹徒以拳攻你上段时，你在左臂格挡后，迅速下潜，双手抱住歹徒膝关节；同时，用肩向前顶靠，将歹徒摔倒。

3. 扫腿下绊式摔投

防卫者可用插裆下绊摔法，即用自己右腿扫绊歹徒腿部，待该腿抬离地面，就可以破坏歹徒的重心，使其向后倒。向后猛推歹徒，或用头向后顶撞歹徒，歹徒倒地后，就可以把他制服。

利用肘击加下绊技术：在用左手抓住歹徒的右肩时，防卫者用右肘击打歹徒面部，同时用右腿缠绕住歹徒左腿，利用肘击的冲力，将歹徒向后绊倒。

双方缠斗在一起时，由外侧实施的扫腿下绊简单高效。当然，如同所有的摔法动作一样，这个扫腿下绊还有赖于动作快速迅猛。防卫者以左腿绊扫时，歹徒则失衡向右倾倒。然后顺势把右腿伸到歹徒右腿后方，同时向后猛拽歹徒。防卫者始终要用头撞、撕咬或踏踩等打击动作掩护，以分散歹徒对摔投方面的注意力。

防卫者还可用外侧踢踝式摔投，用此法时，防卫者前伸左脚，扫绊歹徒右脚，使其离地，致使歹徒失去重心，向右后倾倒。他再用右脚扫踢歹徒右脚根后部，使其失衡倒地。

扫踢踝部摔法：防卫者右脚向前，逼歹徒左脚后撤。防卫者左脚向左跨出一大步，右脚切入中间地带，支持身体重心，扫踢歹徒双腿，令其失去重心倒向右侧，并向上跃起。防卫者快速将其摔倒。

蹲体式摔投：防卫者利用此技可致歹徒失衡倒向他的右前方。防卫者把右脚向歹徒右脚伸过去，屈左腿，右腿挡在歹徒右脚踝处，把歹徒向前挺，越过防卫者踝骨背而摔倒歹徒。

4. 大腿及臀部摔投

大腿摔投与一般技术中的摔技相类似，只不过在特种格斗术中，右手不但要抓握衣服，而且还要抓喉部。防卫者抓住歹徒的右手，右脚向歹徒右脚踢去，使歹徒失衡，向己方的右方倾斜。防卫者迅速转身，左脚成为身体重心支点，用右大腿的内侧，而且要重复地扫击其右大腿内侧几次，把歹徒有力地从自己右大腿上方摔投出去。

臀部技术：防卫者把右脚伸向歹徒两脚之间，破坏歹徒的重心，接着把身体置于歹徒怀内，右手抱住歹徒腰部或脖子。防卫者必须确保自己双脚在歹徒两脚之间，臀部紧顶在歹徒腹股沟处，屈膝，以爆发力将歹徒从自己臀部快速摔投出去。

当歹徒从后面锁住防卫者颈部时，防卫者快速内收下颌，双手用力抓住歹徒的双臂，尤其是歹徒的右手臂，同时弯膝俯身，用右腿别住歹徒双腿，接着防卫者身体在继续前挺的同时向左下方转体，用右腿绊住歹徒双腿，屁股上撞歹徒腹部，将歹徒重心控制在自己身上，最后拉臂、转体、顶臂、别腿一气呵成将歹徒摔倒在地。

5. 扭腕摔投

扭腕摔投的实战方法有多种。最为实用的一种方法是歹徒伸出右手抓住防卫者衬衣或衣领时所面临的局势。防卫者由歹徒手掌下方将左手插到歹徒握衣手的中指与食指关节之间，随即猛然把歹徒的手向他本人方向及右侧扭掰，迫使歹徒倒向地面，防卫者就此从他身上得到解脱。歹徒倒地后，将其手臂拉直在他头上方，防卫者踢击其头部。有时，歹徒可能身高体壮，防卫者可以在左手先抓住歹徒后，再以右手辅以另外的力量，协助左手将歹徒摔倒。

摔投技术训练提要

要想达到对各种摔投技能的熟练掌握和运用，需要不断变换身上的服装，进行反复、连续的练习。如果你是个警察、军人、保安或其他特殊职业的人，你很有可能在街头与歹徒打斗时穿着全套的装备。如防弹背心、挂套、武器、皮靴等，因此，在平时也要穿着完整的装备进行训练；如果你是普通民众，居住在一种寒冷的地区，当你在冬天穿着大衣、戴着帽子和手套时，也要尝试着穿同样的服装进行练习。即使胸前或后背挂着背包等物，也要信心十足地实施摔投。如果你只穿体育锻炼或轻便操练服进行练习，当暴力冲突出现时，你可能会不适应或事态的发展将会变得对你不利。一般每次安排练习摔投技术，按常规至少要 5 分钟，个人练习每人每天不少于两次。对危险性较大的练习，应采用假人进行训练。

应用举要

①歹徒与我近身扭斗，我以前额猛撞歹徒面部，歹徒受击疼痛分神之际，我迅速沉身抓住歹徒两腿回拉，将歹徒摔倒。(图 4-223~图 4-225)

图 4-223

图 4-224

图 4-225

②歹徒由身后以右臂锁住我颈部，我迅速以双手抓住歹徒右臂下拉，同时臀部猛然上挑，将歹徒从头顶背摔过去并以右脚踩踏歹徒右臂。（图 4–226~图 4–230）

图 4–226

图 4–227

图 4–228

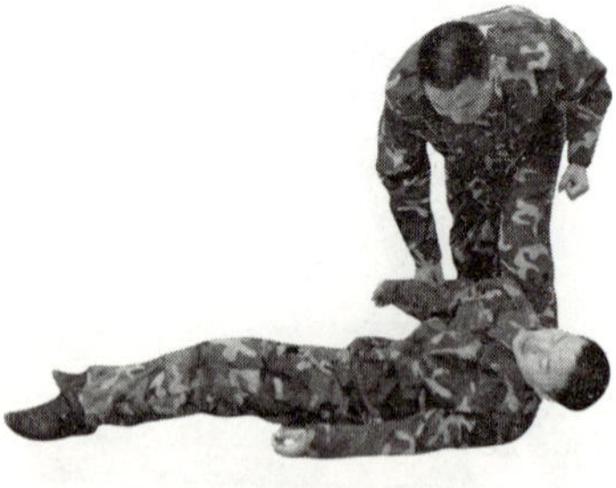

图 4–229

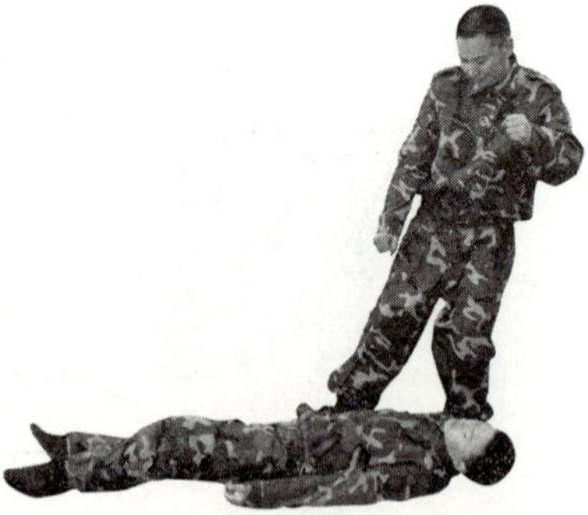

图 4–230

③我抓住歹徒胸部，歹徒抓住我双臂互相推搡，我忽然向上提拉歹徒；同时，以右脚向内侧扫击歹徒左脚，将歹徒摔倒在地并以右脚踩踏歹徒腹部。(图 4–231~图 4–235)

图 4–231

图 4–232

图 4–233

图 4–234

图 4–235

六、地面格斗法

大多数的徒手格斗都是倒地后才结束的。倒地后的这段扭打，是整个打斗的生死攸关阶段。地面的格斗，使掐扼和勒绞技术大有用处。

1. 避免倒地

就像任何一个柔道运动员或摔跤选手可以证明的那样，避免倒地是完全有可能的。若被歹徒上手形成摔的势态时，则应立即重心下沉，腿脚扎稳，身体前挺，同时以双手勾搂缠抱其上体或颈部或肩膀，使其动作受到限制，摔法无法得逞。然后再寻机以膝、肘或拳法反击。另外若出腿被抓，处于被动时，可采用以下方法拆解：一是腿被歹徒挟持，立即以被抓腿同边拳或肘打击，歹徒来不及缩臂回防封挡可被击中；二是踹腿被困，敌拿我腿欲进，可挣身屈腿再度踹之，使其不能近身，趁机收回被抓腿；三是腿被制时可将重心前移，使歹徒承受压力而向下弯身，立即伸手扳其颈，奋力发冲膝击之，逼使歹徒后退。

2. 倒地

在一场遭遇战中，可能会出现防卫者身体失衡或被歹徒摔倒在地的情况，但利用身体的大块肌肉部位（如背部、大腿、臀部等）垫铺，就能缓冲落地时的撞击强度，并在着地后仍能运动。这样，你就可避免受伤或失去运动能力。

向前倒地时，两臂迅速向前伸并稍微弯曲，双掌心向下微垂，腕关节放松，倒地的瞬间，双手成空杯形拍地，以便能缓冲撞击力，以两手及两上臂内侧和脚尖着地，并将身体撑起，离开地面，防止身体撞击地面受伤，同时抬头、收腹、挺胸。

向后倒地时，两臂前摆身体跃起后仰，同时收腹、屈身、低头，以双臂及肩、背同时着地。倒地时要憋气。

3. 倒在地上应对站立歹徒

当你倒地或被击倒地而歹徒仍站着时，当用右膝和右肘来护卫躯干、裆部及头部。你倒在地上无法恢复实战姿势时，这种俯卧位可用于抵御攻击。为获得这种防御型的俯卧位，你需要：

①侧卧身体。

②把后腿压在身下，以求平稳。

③后臂置于身下，手掌撑地。

④以臀部为轴，用后手转动挪动身体。

⑤前臂仍保持防御姿势。

⑥摆好二头肌、三头肌以防护肘部。

⑦翘起前腿保护裆部并可攻击歹徒踝部、小腿、膝部、裆部。

⑧你应竭尽全力、千方百计地站立起来，恢复实战姿势。

在地面时，防卫者可把一只脚勾到歹徒的前脚后面，以使自己具备一个支点，之后用另一只脚戳击歹徒小腿或裆部。此后，你应在歹徒受击发懵瞬间站立起来，或者可以在歹徒每次要发招攻击你的时候，快速地踢击歹徒膝部或裆部。关键是要尽快地站立起来。若无法站起，那么你只能在地面位置进行攻防。

如果你倒在地上，歹徒右用腿攻击你，那么你应该：

①抬起手臂及膝部成戒备姿势，以遮护自己要害部位。

②用手和胳膊缓冲吸收头部的重击。

③寻找机会进行反击，如抓住歹徒的腿部将其绊倒。

4. 地面扭斗

地面扭斗中，充分利用自身的各个部位及歹徒的身体或地面来困住他的四肢，这样才能腾出自己的手来施展格斗的技术。一旦歹徒倒地呈现仰卧，你便可选用一系列方法迫使歹徒屈服。拳打仰卧的歹徒显然是一种选择。还可以骑在歹徒的身上，使歹徒不能有效地还击和适应进行防卫，而完全被你控制。

当你处于上位，可将全身的重量压在歹徒胸部及肋骨上，使歹徒只能顾着去呼吸。接着利用这个接触点，在侧控与头控之间变换技术，寻找一个压力点，控制住并且不要移动自己重心，将歹徒死死摁压在地面上，将其制服。

当你呈仰卧姿势且被歹徒骑于身上时，有效的逃避是搭桥和转身技术。开始时先用力使自己的臀部向上挺起，再用双手抓住歹徒的手臂。继续拱起臀部，掀翻歹徒，让歹徒打滚。紧接着骑在歹徒身上，将其制服。

歹徒骑压于你身上时，你可举起双手用前臂挤压歹徒脖颈，实施掐扼式的头部勒夹。你用双腿夹缠在歹徒身体上，就地翻滚，结束躺卧状态，以双腿缠夹歹徒身体的同时，右臂绕过歹徒颈部全力扭拧，或者你也可先抓住歹徒的双臂，迅速将歹徒折掀。这种办法取决于你的绝对力量，而且也要通过大量练习，熟练掌握技法要诀。

地面缠斗训练提要

特种格斗术在进行地面缠斗训练时，通常在开始之前，两名受训者背靠背脚伸直坐于地上。当教练喊“开始”时，两个学员在地面进行扭斗。这种特定情景训练要求受训学员始终集中精力，及时处理地面上随时可能出现的不利情况。

①地面缠斗时，歹徒骑在我身上以左手掐住我脖子，欲以右拳击打我面部时，我左前臂格架住歹徒右前臂，同时右臂由歹徒左腿下穿过，左手趁势擒抓歹徒右手腕向左下拉，右臂抱住其左腿上掀，同时身体向左翻滚，将歹徒压在身下。以拳头连续攻击歹徒面部。（图 4-236~图 4-241）

图 4-236

图 4-237

图 4-238

图 4-239

图 4-240

图 4-241

②当歹徒将我摔倒在地并在我体侧以双手掐住我脖子时，我高扬右腿，勾住歹徒脖子右侧下压并将歹徒的头部夹在我大腿中间。（图 4–242~图 4–245）

图 4–242

图 4–243

图 4–244

图 4–245

③地面缠斗时，歹徒骑坐在我身上，我抓住歹徒双臂并滚动身体，令歹徒也躺于地上，最后以拳猛击歹徒面部。（图 4–246~图 4–249）

图 4–246

图 4–247

图 4–248

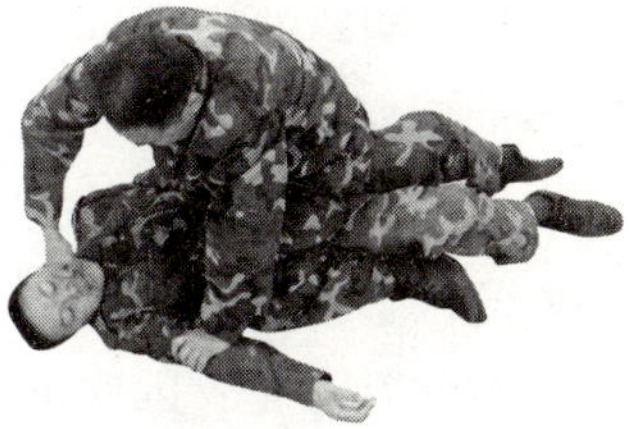

图 4–249

七、面对持刀歹徒的自卫法

在许多凶器中，刀子是最难对付的一种武器。事实上，与持刀歹徒相遇时，以赤手空拳就想对付持刀歹徒的攻击，看起来似乎有些不太现实，因为持刀人闪电般的戳刺和挥砍，使防卫者受伤的机会非常大，刀子很快就会给防卫者造成穿透性的伤害，而身体与刀子的任何接触几乎都会划出令人恐惧的伤口。

尽管这种说法令人胆寒，防卫者心理仍然明白：宁在手臂上被伤害，也不能让歹徒砍刺到喉咙或戳透腹部。每个防卫者心里都明白：只要与持刀歹徒打斗，被刀所伤是常见的，防卫者不要因此而分心。一旦受伤，应该把疼痛抛在一边，并尽力使受伤的次数降低到最少。全身心地投入战斗，一旦你因受伤半途而废，很可能就失去先机，结局就可能惨不忍睹。

对所有参加自卫术培训的学员来讲，要想使自己与持刀歹徒打斗时安然无恙，在体力和脑力上做好充分的准备是十分重要的。所谓熟能生巧，反复锤炼是达到这一标准的唯一途径。对付持刀歹徒的各种技巧必须经常练习以达到肌肉“记忆”，让最有效的夺刀方式成为人的本能性反应。

对付持刀歹徒自卫法是一种技术性较强的动作技巧。它不仅需要有娴熟的技巧，简捷灵便的步法和身法，同时还需要有敏锐的反应能力，勇于拼搏的作风。徒手夺刀是在综合了踢打、摔、拿各种技术、技巧的基础上，根据歹徒握刀的方法，刺向的位置以及歹徒的身体姿势、持刀的目的而实施的一项技术。它的特点是：闪躲迅速，进退适宜，抓拿格架准确及时，踢打扫绊快捷迅猛。

徒手对峙持刀歹徒要遵循以下步骤：

第一，你要和歹徒保持一定的距离，在其攻击范围之外并且面对着他。

第二，你要改变方向，使他失去平衡。

第三，把他的持刀手臂锁住。

第四，利用凶猛且有决定作用的技术将其摔倒于地。

刀的主要攻击角度有 3 个：向下的攻击，斜刺脖子和直刺。但是为了全面讨论，我们选了在大多数自卫术培训班都要教授的 5 个攻击角度。因为它们出现的几率更大，并且被大多数人所接受。

1. 对从右上向左下斜刺的防卫

当歹徒持匕首由右向左斜下刺来，你迅速后退，与歹徒相距大约 2 米，待匕首落下后，迅速前冲，控制歹徒右肘；接着拧身转体，然后你就可以开始反击，使用投技将歹徒摔倒，当歹徒倒地之后，你可以锁住他的胳膊，夺过他的武器，制服歹徒。

2. 对从左上到右下斜刺的防卫

当歹徒持匕首由左上向右下刺向你，你迅速调整到安全距离；当歹徒的匕首足够接近时，你擒住其手臂，转身并锁住他的手臂，保持姿势并再一次施转，夺下歹徒的匕首，然后使其失去重心，可以用刀的把手猛击歹徒要害。

3. 对从右向左水平刺的防卫

当歹徒从右向左刺击你胃部，你迅速挡住他的进攻，抓住他的手臂并向下压，使他失去平衡，接着向反方向锁住他的肘部和腕部，夺去武器将其制服。

4. 对从左向右水平刺的防卫

歹徒从左向右进行攻击，你以稳固的预备式，通过步法移至歹徒攻击范围之外，扣住他的胳膊，然后朝相反的方向控制住他的肘部，然后扭动此臂继续运用你的圆形的步法，用自身重量并扭动全身把歹徒拉倒在地，夺过刀子，之后你即可用多种方式制服歹徒。

5. 对直刺腹部的防卫

向腹部戳刺是一个直向攻击动作，如果你动作拙滞，则内脏会被扎透。此时你迅速抓住他的手并朝他的脸部攻击，可借助惯性，使歹徒失去重心，并将歹徒摔倒在地。他一倒，立刻用膝关节压住他的肘部，夺下武器，制服歹徒。

6. 对身后持刀逼喉的防卫

歹徒从身后一手抓住防卫者，把匕首架在喉部。防卫者用双手把歹徒持刀手压平于自己胸前上部，使其无法实施割喉动作，紧接着，防卫者屈膝沉身，将右手挪至歹徒前臂处，同时仍紧紧锁制歹徒持刀的手，再沉身俯腰，用力把歹徒背到自己后背上，随即迅速翘起臀部，把歹徒从自己头部径直摔投过去。防卫者仍需注意，在把歹徒从自身后背翻转扔下时，仍要紧紧抓住歹徒持刀的手臂。歹徒落地后，用右膝下砸歹徒的肋部，把他锁定于地上，然后以右手攻击其喉部。

对付持刀歹徒训练提要

对所有参加自卫术培训的学员来讲，要想随时解除歹徒手中的刀具，在体力和脑力上做好充分的准备是十分重要的。所谓熟能生巧，把格斗技术一次又一次地反复练习，以及逐步增大施加压力的强度，使其适应以后实战中的危险，这一切就意味着在遭到持刀歹徒攻击的生死关头，自卫技艺就会起反射，从而使防卫刀具攻击成为你的第二本能。

一位教练如果让一位初学防身术的学员赤手空拳地与持刀歹徒进行打斗，这种练习方法是一种错误的练习方法，面对真刀，学员宁愿逃走也不愿在第一节训练课上让自己流血。让初学者面对模拟刀不失为一种绝佳的训练方法。与安全性的武器对练可以让学员将训练的注意力集中于打斗的技术上。面对真刀，学员会忘掉训练，将注意力集中于恐惧的武器上，而真刀的训练也往往会让学员们受到意想不到的伤害。刀术防卫技能训练的一般方式按练习顺序排列如下：

①两个学员为一组，一方为进攻方，一方为防守方。初练

时进攻方将报纸卷迅速向对方刺去时，防守方要快速地抬起自己的双手去防御，此时要求防守者随着对方的移动方向来移动步法。值得强调的是，不管防守方如何移动，都要与对方保持适当的距离。如果移动距离过小，难免受击。移动距离过大，则与对手离得太远，反击时打不中对手。

②受训人戴上护目镜，陪练手持沾过颜料的大刷子攻击受训者。这时候，受训者的身上布满了被大刷子攻击留下的印迹。

③徒手与持模拟刀的陪练对练，经过训练，防御能力达到高水平后，逐渐用真刀训练。教练应当保护那些面对真刀的学员，对他们的安全负责。教练应该在训练学员的刀术防卫技能的同时训练他们的心理素质。训练中攻击者与防卫者应该彼此信任，互相配合，要让学员确信训练中不会发生意外伤害事故。

④在学员经受了一段与持刀人搏斗的技术训练后，又一次启用大刷子练习法。这时学员就能看明白：他们利用自己所掌握的技术躲过了多少相当于刀伤的印迹。他们也能清楚，训练到何种程度自己才不会被匕首伤害。

应用举要

①歹徒右手持刀向我胸部刺来，我向左前方上步躲开来刀；同时，以右手擒抓歹徒右手腕，以左掌拍击歹徒裆部。(图 4-250~图 4-252)

图 4-250

图 4–251

图 4–252

②歹徒持刀刺我腹部，我向左侧闪的同时，以右臂格挡歹徒右肘关节，接着右臂顺着歹徒手臂上移，上右步于歹徒右脚后，以右肘顶撞歹徒颈部，然后以右手控制住歹徒头颈将歹徒摔倒。（图 4–253~图 4–255）

图 4–253

图 4–254

图 4–255

③歹徒右手持刀由上向下刺来，我迅速上左步，以左手紧抓歹徒肘部，紧接着以右插掌直击歹徒喉咙，右脚上步于歹徒右腿后，右手搂住歹徒颈将歹徒别倒。（图 4–256~图 4–258）

图 4–256

图 4–257

图 4–258

④歹徒持匕首由上向下刺我面部，我立即以双手成十字形格架其持刀手腕；同时，以右脚弹踢歹徒腹股沟；紧接着以右手擒抓歹徒腕向下拧转，并以左拳侧向下猛力砸击歹徒肘关节。（图 4–259~图 4–262）

图 4–259

图 4–260

图 4-261

图 4-262

八、面对持枪歹徒的自卫法

现在全球社会恐怖主义肆虐和枪械武器日渐横行。一般歹徒都持有枪械进行犯罪活动，尤其是手枪。但是，并不是每个自卫术培训班都能保证它的课程涉及到与持枪者相峙的自卫方式。手枪自卫术是特种格斗技战术课程中最重要的一部分，这种战术一直还在不断的完善之中。

特种格斗术理论告诉我们，对枪的防卫要使之仅仅停留在威胁阶段，不能使歹徒有开枪射击的机会。一旦歹徒开枪，对于防卫者来说，纵使技艺精绝，恐怕也难逃被击中的命运。所以所有防卫的重点在于歹徒开枪之前就对其发动进攻。防卫者一旦被歹徒用枪逼住，首先要做的就是举起双手。这一动作完成几件事，首先，你做这样的举动，会给歹徒一个错误的信息，他认为你已经被驯服而不是打算反抗。其次，将双手抬起到防守，能调整一个有利于夺枪的好位置，因为该处距目标较近，夺枪反攻容易奏效。一旦把手臂举起来，防卫者就准备执行防卫所必须的动作程序。夺手枪时，一般常用的技法为锁腕和锁指。锁腕可以轻松地解下手枪，锁指会在解枪的过程中将歹徒的手指弄断。

一般情况下，持枪歹徒不会让防卫者靠近而实施夺枪，所以防卫者应采用一种战略方法来拖延时间靠近持枪歹徒，最终将其制服。在与持枪歹徒对峙时，防卫者首先流露出自己面对歹徒枪时的惊慌失措，让歹徒相信，你是何等的柔弱和不堪一击，你完全在他的掌握之中，以此来减少他的警惕性。武器使歹徒拥有极强的安全感，所以歹徒很重视并且十分依赖它，特别是你表现出惊恐之后。因此防卫者应该立即举起双手，并向他求饶，在祈求时，慢慢靠近歹徒，同时保持手部的晃动，让歹徒认为是因为防卫者过度惊恐而引起的颤抖，而实际上是防卫者在为精确的反击做准备。待时机成熟，与歹徒距离适中时，便于以较小的动作抓住手枪，令它偏离防卫者的身体。紧接着用一只手击打整个手枪后部，另一只手拽开枪筒，同时朝相反的方向迅速转身，躲开手枪的直射范围。然后用拽住枪筒的那只手从下向上、向前推，此时也可以膝攻击，以使歹徒尽快倒地。

受到从背后被枪顶住的攻击是非常危险的，因为防卫者根本无法看到后面。被歹徒用枪逼住后，防卫者应慢慢微缩身体，进入防卫预备姿态，同时双手向上举起表示屈服。随即身体迅速向左后拧转，用左臂猛磕歹徒持枪手臂，并将歹徒手臂控锁在自己腋下。随势用右底掌猛击歹徒下颌，此时注意要把持枪手臂斜倚在自己体侧。

歹徒用枪从后面指住防卫者后脑时，防守者要缓缓微缩身体，双手向上举起，似有驯服之意。紧接着身体迅速向左后拧转，以左臂击打歹徒持枪的手臂，使之偏离我方身体。然后以摆肘猛击歹徒下颌部，同时身体斜靠在持枪的手臂上。继续保持使歹徒持枪手臂被锁夹于自己体侧，右脚跨于歹徒右脚后，以右脚扫绊歹徒右腿，同时用右掌根击打歹徒肩膀。摔倒歹徒后，防卫者用右膝向下狠击歹徒肋部，然后以右手猛击歹徒喉部。

反击背后持枪歹徒时，两脚尽量前后分开，便于迅速拧身闪躲。由于在完成动作瞬间背向歹徒，对歹徒的姿势和距离难以判断，防枪反击是非常危险的，必须是枪口顶住头部和背部时才能实施动作，否则贸然转身攻击，由于离歹徒太远，难以成功，无异于寻求自杀。反击体侧持枪歹徒时，两脚最好平行站立，便于左右快速移动。无论采取何种防枪动作，都要与身体躲闪动作同步进行，这样可以使攻防动作更加安全，并且一定要使枪口远离身体。

一种典型扣压人质的特定情节是：一个歹徒用左臂勒住人质的颈部，右手持枪指住人质的太阳穴。对付这种情况的第一反应是：开始必须先用左手与歹徒的武器进行接触。因为当歹徒站在你背后控制你时，由于枪口指向你头部的右侧，往往歹徒的身体也偏向右侧，他无法看到你左手的活动情况，而当他看到你的左手移动时，你已经猛推手枪打到其面部并迅速向外扭转枪口或指向其面部。

用左手反击歹徒持枪的手可以给你提供抓握手枪或持枪手腕的机会，但动作必须迅速精确，要立即对持枪手臂进行控制并使枪口远离你自己。

要达到解除歹徒手枪的目的，使用左手迅速向外侧扭转他的右手腕，抬起右手迅速握住枪筒并用两手继续向外侧拧转，当把歹徒手臂拧转至你身体前面时，将歹徒摔倒在地。用手保持对持枪手腕的控制，同时，右手夺下手枪。最终，左手紧抓歹徒右手腕，右手用枪背抵住歹徒的肘部，实施反关节和锁腕技术牢牢控制歹徒。

值得注意的是，此时不能用右手反击歹徒裆部、脚踩歹徒脚背、后踢歹徒胫骨或裆部等手段攻击歹徒。否则你自己可能会被子弹击中。因为歹徒的手指在扳机上，你击打歹徒所造成的疼痛将刺激他手部的肌肉收缩和手枪走火。因此最优先的处理是：不能盲目反击去增加他持枪的优势，而是首先要躲过枪口的射击范围。

对付持枪歹徒训练提要

特种格斗术专家认为学习手枪防卫术并不需要防卫者一开始就知道手枪如何使用，怎么辨别枪声以及它是如何被用于犯罪的。因为，当你听到枪声的那一刻，你根本就不清楚到底发生了什么。

反持枪者的自我保护技术要求学员们不但能掌握，而且要将它变成自己一种本能的打斗技术。对于一名防卫者来说，如果你没有本能的格斗技术，就想对持枪歹徒大打出手，等待你的只会是流血、死亡。自我防卫训练的基础不是熟练的技术构成完美的动作，而是完美的训练创造完美的技术。反复地练习就成为提高水平最保险的方法。以各种速度进行没有伙伴和有伙伴的练习，不断巩固正确的姿势并培养对技巧的感觉，把防枪技术练就成为第二本能。

假想空练：假想歹徒持枪指住学员不同的部位，学员以相应的方式进行防卫。训练时如临强敌，要有实战意识。

对抗训练：陪练持假枪指住学员。学员根据陪练指住的部位、角度，反复练习推抓手枪、闪躲、打击、控锁等动作，直到快速、熟练为止。

对付持枪歹徒应用举要

①歹徒右手持枪顶住我胸腹部，我双手上举，表示屈服。然后，我立即以左手向右推抓歹徒持枪手腕，同时向侧方移动身体，避开歹徒的射击线。紧接着我用右手抓住歹徒手枪将其夺下。趁势以左手攻击歹徒咽喉，然后向后移动并用手枪瞄准歹徒。（图 4–263~图 4–268）

图 4–263

图 4–264

图 4–265

图 4–266

图 4-267

图 4-268

②歹徒左手持枪从侧面顶住我右太阳穴时，我慢慢举起双手，忽然向右转身，用右手抓住歹徒左手上托，接着右手抓住枪身，左手抓住歹徒左前臂。两手合力将歹徒持抢手向外侧扳别，然后左手扳开其持枪手掌，右手抓紧枪身，夺下手枪，并砸击歹徒头部，制服歹徒。（图 4-269~图 4-274）

图 4-269

图 4-270

图 4-271

图 4-272

图 4-273

图 4-274

③歹徒右手持枪对准我胸部时，我举起双手，忽然以左手握住枪身拧转，同时以右拳猛击歹徒面部，接着再以右手抓握枪身，将其夺下，砸击歹徒。（图 4-275~图 4-279）

图 4–275

图 4–276

图 4–277

图 4–278

图 4–279

九、面对持棍歹徒的自卫法

在遇到使用棍棒的歹徒时，你需要集中精力解决的问题是：你应该尽可能地接近歹徒，使他没有机会、没有空间组织进攻。

这样做有两个原因。第一，如果你与歹徒距离较近，那么他就无法在狭小的空间使棍棒产生足够的打击力度。让歹徒处于有棍难使用、有力使不出的劣势。这样你就能轻而易举地化解歹徒的冲力。第二，因为在攻击失效之后，歹徒必将重新调整他的攻击角度，实施再一次的打击，而这时你早已处于战斗的位置，预备再一次反击歹徒。

一般人在遭遇到歹徒举起棍棒要击打时，会不由自主地缩身后退，但实际上那样做可能更加危险。从来没有一个下狠心的歹徒会是只挥棒一次便停止的，如一次击打没有奏效，后续打击会接踵而至，继续攻击防卫者，不给防卫者任何喘息之机，直至将防卫者彻底制服为止。与其在那儿疲于奔命，还不如勇敢地冲向歹徒。

歹徒挥棍从上向下砸你上体。在进行防卫时，你要面对歹徒，以常规的格斗式备好站姿，双手抬高至胸部。接着迅速接近歹徒，以手臂快速实施向外的高位封堵。这时候，用左手把歹徒持棒的手臂缠抱在自己体侧。同时把歹徒向自己左侧推移，使其双脚分开，为你实施扫腿绊摔创造良机。顺势就用右掌根猛击歹徒，手脚交叉发力，将其摔倒在地。

当歹徒以正手棍击时，你摆好防卫姿势，双膝略屈，双手上抬置于中心位置。歹徒以棍棒劈击时，你要用双重封堵狠狠打击其前臂部位，一手截击其腕上部，另一手截击其肘下部。趁势擒抓其腕部扭转，使其棍棒丧失威力。接着，你在将其右臂扭住向前拽拉时，视歹徒头部当时的位置，以右肘猛击歹徒太阳穴或下颌。

当歹徒以反手棍攻击时，你实施双重封堵，抓扭歹徒的腕部以及以掌根劈打肘部等。你可施以锤式锁定、令其手臂受损等动作，接着在夹制住歹徒握棍手臂的情况下，攻击其眼睛及喉部。

虽然歹徒的棍棒大多数情况下会攻击你头部，但也有可能击打手臂和肋部。所以当歹徒向手臂和肋部击打时，防卫者必须调整自己的封堵技术。

如果腿法技术较好，在反击持棍歹徒时，可直接以踢技阻截。

当歹徒的进攻冲力径直向下，在他棍棒向下劈击时，你快步靠近他，施后转踢攻击，或者用一个低位扫踢动作就可以破坏歹徒的平衡状态，将其踢倒。

不要使用前踢或侧踹动作来防卫棍棒的进攻。如果你的后转踢未能奏效，不要紧，你不会受到打击。因为你和棍棒的位置不是垂直相对的，你不在他的打击范围之内。万一你被击中了，也不会造成太大的伤害。但是，如果你实施的是一个前踢动作，而且这个前踢动作没有击中歹徒，你就危险了。因为这时棍棒直直地对着你，而你无法倾斜身体以避开他的打击。侧踢同样有着如此弊病。因为你几乎不可能立刻摆脱掉打击，那么棍棒这时就准确无误地击打到你的身上。如果前踢动作没有奏效，重新保持你身体的平衡也是很难的。

与持棍棒者格斗的防身术训练提要

①假想空击。假想歹徒以棍攻击，自己做相应的防守动作

后，再攻击歹徒。

②不接触的攻防练习。陪练持棍模拟攻击，受训者防守反击。开始可规定只做单招进攻，逐渐过渡到组合攻击，动作由慢到快，由易到难。

③实战对练。两人身着护具，陪练用橡胶棍进攻，受训者防守反击。训练时重点体会和观察棍棒的运行路线和力点及反击时机。

对付持棍歹徒应用举要

①当歹徒持棍由上向下劈我头部时，我迅速上左步贴近歹徒，用左手臂紧夹歹徒右手臂，以右手指戳抠歹徒脸部；接着右手继续向地面压推，同时左脚插于歹徒右脚后别其腿，将歹徒摔倒在地，制服歹徒。（图 4–280~图 4–284）

图 4–280

图 4–281

图 4–282

图 4–283

图 4–284

②当歹徒持长棍横扫我头部时，我向侧面躲闪，趁歹徒长棍挥过击空之时，我迅速以左腿旋踢歹徒头部。（图 4–285、图 4–286）

图 4–285

图 4–286

③当歹徒持棍从前面攻击我时，我迅速贴近歹徒，以手臂护住自己的头部，然后以左手控制歹徒右手臂，以右摆肘猛击歹徒面部，再以右膝撞击歹徒腹股沟。(图 4–287~图 4–291)

图 4–287

图 4–288

图 4–289

图 4–290

图 4–291

第四节　保镖器械防卫格斗术

一、利用警棍制敌

由于警棍能对他人造成伤害，也能置人于死地，因此保镖必须小心地使用它。什么时候使用警棍呢？很显然，在对方不抵抗的情况下，对其使用警棍就很不合时宜。根据“反抗—反应”动态模式的基本原则，以及相关法律的规定，警棍只能对积极反抗者，或者被判定为对别人构成直接威胁的人使用。这种威胁一旦消失，就必须马上停止对歹徒击打。如果你与歹徒生死搏杀，那你就放手攻击歹徒。

警棍进行制敌练习的内容包括：击打、格防和控锁，身体姿势包括站立、跪和倒在地上时。一下有力的棍击可以击碎歹徒的手骨、腿骨和头颅骨。但是技术不当也可能只是让歹徒觉得有点痛和身体某部分不适。

如果你用棍击歹徒使其头昏，你就可以以棍为杠杆进行控锁，这是一个很好的选择，因为这样可以将歹徒制服而不会使其受到严重的伤害。成功控锁，一般最好用双手握棍，力大者用一只手也能锁住对手。根据杠杆原理，你的棍越长，所产生的力就越大。如果你用的棍子很短，那么你就可以依靠脚上的功夫、身体的姿势和身体上的骨杠杆作用来补偿用力。

短棍是对付匕首的首选武器，是匕首的克星。格斗时，就是用简捷而迅猛的摆动来阻止歹徒用匕首对你的刺戳。

在打斗中，歹徒使用匕首由上向下刺你时，你手持短棍，突然戳向歹徒的面部，成功率非常高。因为歹徒要想用匕首刺你，必须缩短俩人之间的距离，此时也是你戳棍的良好距离，待歹徒匕首将要下刺时，你迅速以短棍戳击。戳棍的时机很重要，你启动过早由于距离不合适很难戳中歹徒，歹徒在此一瞬间也可以变换招式。你起动过晚则容易被歹徒刺中。

歹徒右手握刀，由上向下刺击你上体，当歹徒刀下落时，你向右侧躲闪，同时用棍横磕歹徒持刀手腕，趁其刀下落时，翻腕以棍后端砸击歹徒颈部，使其措手不及。如果交手双方距离较远，你可以用短棍前端抽击歹徒的太阳穴或颈、面部。要想使格腕砸颈成功，格腕时不要大步后退，如果歹徒攻击用力过猛，你可以向侧后方撤步，其目的是为你砸击创造良好的距离。

歹徒右手持刀直刺你胸部，你用短棍横格其持刀手腕，你将歹徒匕首格开时，歹徒的面部空当明显地暴露出来，此时你顺歹徒右侧劈击其太阳穴，使歹徒措手不及而被击中。因为歹徒向前刺刀时，重心也随之前移，歹徒的刀向前未停你就发出劈棍，歹徒难以防守。歹徒刺后回收，你进攻，这样成功率会大大降低，因为此时歹徒可用到格挡，也可发出第二次进攻。你防守时要与歹徒保持适合劈棍的距离，如果歹徒刺刀过猛，你后退同时防守。击打时也不要慌乱，要根据双方之间的距离决定收臂与探臂，如果双方之间的距离较近可以收臂劈棍，如果歹徒后退较快，你可探臂劈棍。

你与持刀歹徒对峙时，可引诱其出击，你持棍将下盘封死，将上盘空当露出，待歹徒刺空的一瞬间是其防守能力最差的时刻。歹徒持刀直刺你上体，你用短棍横格其手腕，随即你左手顺势下拉其腕，使歹徒重心向前下方移动。因为歹徒向前刺刀的力被你左手向前下方一拉，方向变为向前下方，二力合一无法控制，此时歹徒上体向前下方移动，后颈、后脑较明显的暴露出来，你准确有力的砸击会使歹徒当场休克。如果歹徒刺刀用力过猛，你可随之向侧后方移动，同时下拉歹徒右前臂，如果歹徒前扑倒地，你可用短棍前端抽击其后脑。如果歹徒刺刀不猛，你左手下拉无效，可趁歹徒回收匕首时用短棍顶端戳击歹徒面部。

在与持刀歹徒打斗时，不要盲目乱打，严防被刀刺伤，要等歹徒先发，你后发制人，歹徒的旧力已过时破绽就会暴露出来，待歹徒新力未发时快速攻击便可获得成功。

合法地使用武力要以法律为准绳，并要对棍击可能出现的后果心中有数。显然社会不允许滥用武力，即使是面对正在实施犯罪的歹徒时也是如此。只有两种情况可以合法使用武器。第一，是为了阻止暴力而在其发生之前，第二，是在暴力事件发生的同时。

利用短棍格斗应用举要

①我与歹徒持短棍打斗，歹徒用短棍攻来时，我用短棍劈击其持棍手部，将其短棍打落，再劈击歹徒左膝关节后侧，最后用棍撩击歹徒下巴。（图 4-292~图 4-295）

图 4-292

图 4-293

图 4–294

图 4–295

②我与歹徒持短棍打斗，当歹徒挥棍攻击时，我打击歹徒持棍手部，趁歹徒中招迟滞之时我抓住其右手臂并攻击其面部；然后，我再攻击歹徒的头骨后侧，接着我双手握棍用右手握棍处击打歹徒颈部。（图 4–296~图 4–299）

图 4–296

图 4–297

图 4–298

图 4–299

③我持棍与持刀歹徒打斗，歹徒持刀向我头部猛砍，我向后闪避；然后，我用短棍打击歹徒的持刀手。趁歹徒中招迟滞，再用短棍劈击歹徒面部；接着我双手握棍猛戳歹徒腹部。最后用右肘猛烈撞击歹徒的头侧。（图 4–300~图 4–303）

图 4–300

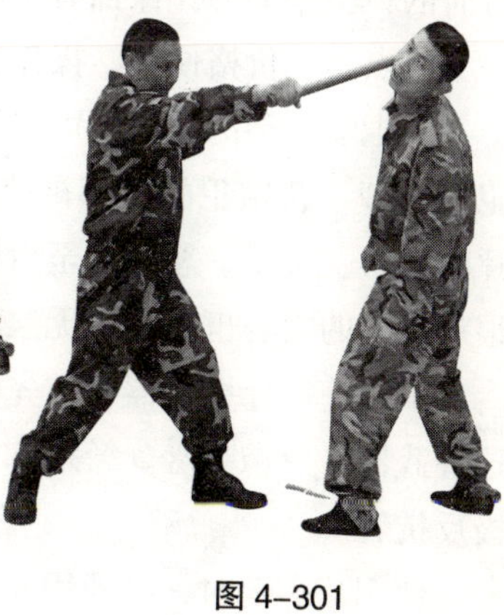

图 4–301

图 4-302

图 4-303

二、利用小型喷雾剂制敌

对于保镖来说，辣椒喷雾剂无疑是一个绝佳的制敌工具，因为无论什么浓度它都是安全的。警用喷雾剂一般是由红辣椒做成的，这些都是纯天然的有机化合物。因此不管使用了什么浓度的辣椒喷雾都不会对歹徒造成永久性伤害，有害的反应是暂时的，但是能够让保镖有足够的时间去铐手铐。辣椒喷雾另一个优点是—价格便宜，操作方便，功效绝佳。

辣椒喷雾剂的功用既可以影响嫌犯的生理，又可以影响嫌犯的心理。若嫌犯的面部被喷了辣椒喷雾，他将会泪流满面、呼吸困难、头晕、恶心，至少很难看到你，因为张开眼睛时会很痛，他的内心也会因为无法看到周围的情况而感到恐惧。

不管使用什么武器，首先必须了解的问题是何时可以使用这种武器。辣椒喷雾、警棍和徒手攻击一样，都只能被用于积极反抗者。

使用喷雾剂时，必须用非惯用手（不拿武器的那只手）拿出、使用辣椒喷雾。要求用非惯用手来拿辣椒喷雾的原因是，如果用非惯用手取出并喷射辣椒雾，那么在必要的情况下依然可以用惯用手发起攻击。

在和其他保镖合作的情况下，在向歹徒喷射辣椒喷雾前要对伙伴做出一些警告，让其远离，以防止将辣椒喷射到伙伴脸上。如果只有两名保镖对付嫌犯，可以让一个保镖喷射辣椒喷雾，另一个为同伴作掩护并做好在必要的情况下使用致命攻击的准备。

当保镖取出辣椒喷雾并瞄准歹徒时，与歹徒的脸之间至少要保持安全距离。距离过近的话就会给自己带来危险，也无法取得最佳的辣椒喷雾喷射效果。在使用辣椒喷雾前，保镖要确定风向，不能迎着风喷射辣椒喷雾，这样做很可能使自己受到伤害。在保证自身安全的前提下，保镖在喷洒辣椒喷雾前和给歹徒戴上手铐时都要做出口头命令。

正如法庭一再强调的，一旦歹徒投降或保镖取得控制权，就必须马上停止喷射辣椒喷雾，紧接着迅速给歹徒戴上手铐并进行全面搜查。

三、利用电击枪制敌

电击枪更准确的名称是电子休克设备（简称 ECD），但人们通常将各种 ECD 都统称为电击枪，因此本文我还是将 ECD 称为电击枪。电击枪存在一些特有的优势。第一，保镖能在较远距离以电击枪进行攻击。第二，电击枪的效果佳，能够立即阻止歹徒的一切攻防行为。第三，电击枪使用方法简单。第四，被电击枪击中后，不会留下后遗症。

电击枪的基本理念是破坏身体的通信系统。电击枪可以产生高压低电流电荷。简言之，这意味着电荷中包含很多压力，但强度不是很大。当你按下电击枪扳机时，电荷将进入歹徒的身体。因为它有很高的电压，所以电荷将穿透厚厚的衣服和皮肤。电击枪的电流只有约 3 毫安，所以电荷不是很强，一般不会伤害歹徒的身体，电击枪只会电击人的肌肉和神经，使其丧失抵抗能力。并且，由于人体全身都是肌肉和神经，所以当你击中歹徒时，也不会造成太大的问题。

现在，保镖使用的电击枪包括以下几种：X26、X3（能以手动或半自动模式发射三组倒钩）、XPEP（加长电击射弹，它由 X12 的发射底座和平桶枪组成）。

电击枪可以攻击歹徒的全身。不过背部和胸部以下的部位是首选的电击区域。研究表明，因使用电击枪而损伤心脏问题的可能性几乎为零。然而，在很多年前厂家就已经建议保镖不要用电击枪攻击女性的胸部，因为电击枪射出的倒钩可能会给歹徒的胸部留下疤痕。现在，无论歹徒是男性还是女性，都建议尽量不要攻击胸部（并非强行禁止）。第二个尽量避免攻击对方的面部。在以前曾发生过保镖用倒钩击中对方的面部或者眼睛的情况，后来受害者都成功起诉了使用电击枪的保镖。

尽量不要对站在高位、开车、骑车、游泳或者跑步的人使用电击枪。法庭同样不赞成对老、弱、病、残、孕人士使用电击枪。但是，只要保镖能证明现场存在可见的威胁，就可以使用电击枪进行攻击。

为了防止电击枪和手枪搞混，警界防御专家建议将电击枪放在非惯用方的侧配枪套里（手枪放在惯用方的侧配枪套里）。

在使用电击枪时要与歹徒保持合适的距离。根据建议，使用 X26 或 X3 时，双方应保持 2~4 米的距离。在攻击时，即使使用电击枪，也要保持身体持续移动，始终保持 2~4 米的距离。如果对手靠近或闪开，2~4 米的安全距离被打破了，就继续移动身体，创造一个合适的距离，从而成功使用电击枪。若这招失去效力，就使用电击枪的驱动昏迷模式来赶走歹徒。

四、利用手电制敌

正确运用手电，可以为保镖的公务活动、抓捕行动、自卫防身创造有利条件。

从一些案例中我们可以看到，一些不法之徒作案大多是在黄昏、天黑以后或是光线昏暗的环境之中，晚上 10 点到凌晨 2 点钟之间发案率最高。黑暗不仅对犯罪分子有利，黑暗也可以使保镖隐蔽行动。

手电筒是保镖的常规装备，夜间执行任务都携带着手电筒。对于夜间出行，对需要防止抢劫和侵袭的人（包括保镖）来说，携带并运用手电筒防身是一种安全、合法、合理的选择。

手电筒的光线可以刺激歹徒的眼睛，让其视线模糊、无法视物或者用来打击歹徒的致命部位以使你在打斗中取得胜利。

1. 作用

月黑风高，你孤身一人，忽然一个劫匪跳到你的面前，想洗劫你的财物。此时你有一只手电筒，或者当时手电筒是你手中仅有的武器，你就可以充分有效地运用它。你可以使歹徒看不清你的情况而你却能够清楚地看到他的行动。这需要一些简单的训练。因此，一旦你掌握了这些技术，你就可以在黑暗打斗中取得优势。因为你可以在打斗中任意调整与歹徒的距离，调节身体姿势、获取武器并实施打击。对于歹徒而言，强度很大的光线可以使其眼睛无法视物、失去方向感、移动受影响或者思维混乱。由于歹徒在受到强光照射时会做出一些本能反应，因此，你可以在歹徒做出这些反应时获得隐藏自己的机会。

2. 使用

如果形势需要，你手中的手电筒可以作为一个防守的武器，如果手电筒够长的话还可以运用它作为杠杆来别住歹徒。手电筒应该作为徒手打斗的辅助工具使用，明白这一点很重要。因为手电筒本身是一种照明工具而不是一种打斗武器。手电筒不能够像棍棒或刀子一样单独使用。但是，手电筒是实施成功摆脱并发动反击的基本手段，如果你在自卫术训练中进行很好的适应性训练的话，手电筒将会发挥最大的效能。手电筒在进行集体战斗时也可以发挥作用。比如，手电筒可以被“特殊武器与战术”小组使用。“特殊武器与战术”小组在实战中主要是携带手电筒运用相互联系与相互掩护的方法进行战斗。除了“特殊武器与战术”小组以外，两位或两位以上受过训练的家庭成员也可以应用这一技术进行战斗。他们可以让一位成员用手电筒照住歹徒，而其他成员趁歹徒无防守能力时攻击歹徒要害部位。这种方式的攻击是很难防守的。许多专业人士都明白这种战术的作用，并乐于运用这种技术。保镖培训中比较注重培养保镖的实战战术和技能，这其中就包括手电的战术和技能。他们在执行公务的过程中很注意对灯光的控制。

3. 运用战术

亮度很高的手电筒在自卫中的作用非常大，最有效的一种方法是用手电筒照射歹徒的眼睛或者用来打击歹徒的要害部位。

你可以运用闪烁手电或者照射歹徒眼睛的方法来削弱歹徒

的战斗力。从不同的距离和不同的角度运用手电筒不断迅速地短时间闪烁歹徒的眼睛。这样做会使歹徒感到迷惑并且扰乱歹徒的攻击。

也可以直接长时间地连续把光束对准歹徒眼睛。这样做可以迫使歹徒闭上眼睛，抬起双手遮挡光线并把头转向一边。一旦达到这样的目的，你就可以迅速地以拳脚猛击歹徒或者应用武器打击歹徒。

运用大号手电筒进行打斗的技术与使用短棍技术相类似。因为手电筒本身就像一根短棍。如果你掌握了击打的技巧，你就能在打斗中得心应手。小型手电筒的击打强度与光亮照射并不具有决定性作用，但是，你拿一个金属物品来进行打击总比赤手空拳打斗效果要好得多。

4. 冲击、防守及控制

一般情况下，手电筒越长，给歹徒施加的压力就越大，那么这种手电筒在打斗中的功效就越好。虽然大一些的手电筒在使用时会给你带来很多不便，但是，大号的手电筒在格斗中杀伤力更强。就像前面所说的那样，它可以打击、诱攻以及控制歹徒。这三种作用构成了运用手电筒进行打斗的主要内容。

根据你握手电筒的方法，使用手电筒进行打击主要包括以下方法：

①运用手电筒的一端进行戳击。

②运用手电筒挥扫抽击歹徒。

最后一种方法效果最好，因为由于这种动作的幅度更大，因此打击的力度就更强。你可以从短棍的招法中借鉴一些技术来运用于手电筒，而不必再创造新的招式。

大号的手电筒也可以格挡歹徒的攻击。当歹徒持有匕首时，也可以利用简洁迅猛的动作来阻止歹徒对自己的攻击。虽然在这种情况下手电筒并不是最理想的武器，但是，在当时的情况下却是最有效或者是唯一可用的武器。至少，你运用手电筒进行阻挡可以防住歹徒的攻击。

如果你不想重伤歹徒的话，你还可以运用大号手电筒作为杠杆来别住歹徒。尽管我们用一只手就可以控制住手电筒，但通常运用手电筒擒住歹徒需要用双手抓住手电筒的两端。大体上，手电筒起到了撬棍的作用，因此手电筒越长，运用时获得的杠杆作用以及勾挂力就越强。

运用手电筒来迫使歹徒移动到更适合你展开攻击或施以摔法的位置。试图运用手电筒仅仅锁住歹徒的手腕、手臂或腿等关节并不是十分明智的，因为歹徒可以很轻易地挣脱你对他的控制。无论是你徒手锁住歹徒还是运用手电筒锁住他，你要清楚一点就是在激烈的打斗中，只有少数的锁扣技法可以奏效。

第五章　著名安全护卫专家的防身技巧

第一节　对敌冲突三阶段

“阻击—相持—解决”格斗术是由一位老警官、“直接处击”体育会的教练保罗·夏普和该体育会的副总裁路易斯·古特雷兹创造的对敌冲突三阶段，之所以叫做“阻击—相持—解决”功夫，是由于该功夫名称来源于英语单词 Intercept（阻击、拦截）、Stabilize（相持、使平稳）和 Resolve（解决）。而这三种动作技术恰好代表了对敌冲突中的三个阶段，同时也展示了克敌制胜的恰当策略和基本技术。该功夫融合了夏普多年的街头巡警经验、军人战术小组的经验、警察和保镖训练的技术，以及古特雷兹 10 年的夜校保安训练经验。这套格斗术适用于保镖、警察、军人用来擒敌、防身、自卫。由于这种格斗术简单易练，使练习者在实战中获胜的概率大大增加。一旦你与歹徒对峙，你就能本能地安排和设计自己的格斗方法。如果你处于危难关头，这种格斗术还能让你成功逃脱或者反败为胜。

1. 各阶段介绍

这种格斗术的第一个阶段就是阻击阶段。该阶段包括双方会面、靠近、身体初次接触。根据歹徒攻击的动作不同，阻击既可以是防守动作，也可以是先下手为强的攻击动作。

当你多少能限制歹徒的动作时，你们就进入了相持阶段。该阶段要竭力使歹徒失去平衡，使其难以继续攻击你。为了达到这一目的，警察格斗术为大家提供了数种制敌和保持自身平衡的技术。该格斗术强调对歹徒身体的控制。

最后一个阶段是擒敌阶段。该阶段的情形取决于你是普通民众，还是士兵、警察或者是保镖。如果是普通民众，你可能会重创歹徒，然后脱离现场；如果是警察，该阶段最后的结果将会是将歹徒逮捕；如果是军人，将意味着杀死歹徒。

对于这套格斗术的创立者来说，要设计有限的一套动作用于应付训练者可能遇到的几乎所有近身格斗局面，这的确是极具挑战性的工作。由于大多数保镖、警察和普通民众的精力有限，很难用大量的时间参加格斗训练，所以这套功夫被看作是高效速成的技术。夏普和古特雷兹创造的格斗术以实用为主。它唯一的目标就是在短时间内消除歹徒对自身的威胁。

由于该格斗术是由各种动作模块和训练方法组成的，所以在实际应用中形成各种各样的组合动作。其中基本动作有：摔投动作、擒拿动作、拳击动作、蹬踢动作等。

2. 训练过程介绍

该格斗术是用于对付各种突发情况和各种威胁的，既包括生活中小摩擦的简单处理技术，也包括对付心狠手辣的歹徒持械攻击或徒手攻击技术。该功夫训练包括躲避、逃离、制服、擒敌等技术。这些技术并非是潇洒漂亮的影视武打动作。这些动作来自于对扭打冲突的详细分析和街头打斗的实践总结。训练中包括抓锁的技术，因为警察经常要抓住歹徒给其戴上手铐，所以抓的技术对于警察来说尤其实用。

3. 关键的技术训练规则

夏普和古特雷兹创立的这种格斗术的训练是安全的而且也是非常务实的。这种警察格斗术之所以能够区别于其他的自卫术在于它是用来对付实际生活中的坏人的。这里介绍的方法没有成套和神秘的技术、没有对特定的攻击做预定的反应。这种格斗术的训练也是从真正的攻击与对抗开始的，而且不断增加袭击和防卫的速度和强度。包括对付现实生活中可能遇到的各种袭击。学员在训练中必须不断地更换训练伙伴，以便能够适应各种类型的歹徒和各种手段的攻击。

在“阻击—相持—解决”格斗术中克敌制胜最有效的方法有：

①头盔式技术。街头打斗的快速性及残酷性意味着你一旦与歹徒会面，对手有可能会对你发动突然袭击。一旦袭击者在一臂距离内发动突袭，你就很难去防御或跑开。如果遇到这种情形你就要实施头盔式阻击技术。

头盔式阻击技术包括：你可以迅速将身体缩成一团，用手臂遮护头部的下颌、耳朵两侧、后脑勺以及太阳穴。这样的动作能够起到盾牌的作用，封住歹徒攻击，使自己能够向前冲撞歹徒。这样既能防御也能攻击。

运用时，前臂弯曲，直到手能够摸着颈后部。肘部抬起，肘尖对着歹徒，上臂在头前交叉。上臂保护头和下颌部位。前臂略高于眉毛，保护自己的脸部。下颌微收，含胸，可以使你看准歹徒。向攻击方向转动身体，脱离歹徒打击范围。身体下沉，猛力冲向歹徒，使歹徒身体失去重心。

②俯冲技术。该技术的动作要领是，两手用力前伸，向前

猛推。可以用来攻击歹徒的脸、头、肩、胸等部位。紧接着猛力向前冲，迫使歹徒后退，失去重心。当你猛力向前推手臂攻击歹徒时，你的二头肌升起，保护了脸的两侧。在使用该技术之前，如果时间来得及，你应该降低身体，向前猛力推、冲撞，将歹徒掀翻在地。

③拉臂技术。抓住歹徒手臂猛力拉拽，使其难以正常攻击你，并给你自己制造机会获得更有利的身体姿势，绕到歹徒侧面或身后。冲突一开始，由双方缠斗开始，抓住机会施用拉臂技术。

④别压戳击技术。这是擒拿格斗中基本的相持技术。与歹徒打斗时，将自己在前的手臂伸到歹徒的手臂之下，缠绕并抓住歹徒肩部，然后突然猛力下按，在你移动到歹徒侧面时将歹徒身体拉近。你再用另一只手戳击歹徒颈部。你戳击之手使歹徒无法靠近，而你又别压歹徒的手臂，又使其无法挣脱。当使用这种别压戳击技术时，你可以猛力使歹徒失去重心，将歹徒摔倒在地。

对于一个警察来说，使歹徒不要靠近自己是一种安全的举措，因为保镖和警察的腰间常挂有具有危险的东西，如手枪、匕首、警棍、喷雾剂、手铐等。夏普说，很多警察收缴歹徒武器的意识很强，却常常忽视保护自己随身携带的一些警用器械。

⑤挽套技术。猛拉使歹徒身体失衡后，你若趁机绕到歹徒身后，抓控歹徒后背，就可以施用挽套技术。快速出手用双臂插入歹徒腋下，并将双手置于其头后部，扣紧十指，往下压迫歹徒头部的同时向上抬他的手臂，制服歹徒。挽套技术是常用的制服歹徒的第一步技术。一旦控制住了歹徒，你要用胯部前顶歹徒的臀部迫使歹徒失去平衡而倒地。

⑥“S”形姿势。歹徒倒于地下，你可以使歹徒身体侧翻，紧接着身体下蹲呈“S”形。用一个膝盖压在歹徒身体上，另一个膝盖压在歹徒肩部。你也可以用腿压歹徒颈部，这种姿势可以使你上身保持直立，便于观察四周情况。

“阻击—相持—解决”格斗术中的这六种技术是非常实用的技术。如果你是一位有经验的武术学者，你也许会觉得这些内容过于基础，可实际上它才是最实用的。

第二节　自卫格斗术的训练与实战

图 5-1　凯力·迈可恩

凯力·迈可恩（又名 Jim Grover 吉姆·格罗夫）是世界著名的安全专家，是“排险基地”（又称“严峻考验”公司）的执行总裁，专责保安服务和高级保镖服务的培训。凯力·迈可恩是目前最棒的实战格斗专家之一。如果你不是特种兵或者是特种保镖的话，你可能难有机会接触到凯力·迈可恩的绝技。因为他的许多绝技目前还没有向民间传授。凯力·迈可恩早期在他父亲那儿接受过系统的徒手打斗术训练，后来加入了海军并最终被授予少校军衔。他在弗吉尼亚匡恩提科的海军陆战队服过役，还曾服役于海军特种部队，接受了很多反恐怖综合训练并直接参与了许多高危的特殊行动。他曾经作为特殊使团的官员被派往驻扎在海外的海军第三远征部队特别行动组，指挥并参加了一些特别行动。从海军退役后，他为一本杂志主持个人安全专栏，出版了许多畅销的自卫术录像带。目前是美国海军部队关于近身格斗计划的学科带头人。此外，他还从事保安服务、安保部队培训以及反恐技能培训等工作。同时，也是有线新闻网（CNN）和美国全国广播公司（MSNBC）的军事安全分析员，目前，他也经常在“福克斯新闻”上露面。以下以问答的形式，请凯力·迈可恩谈一谈对自卫格斗术训练与实战的看法。

①你对目前的民间自卫术培训有什么看法?

我对民间的自卫术培训方面了解不多，但好像很多自卫术培训班的教练都没有真正地在街头与别人打斗过。我的感觉是，这些技术都不太实用，也过于强调防御了。

目前的民间自卫术培训主要存在两个方面的问题。一是那些缺乏实战经验的教练不知道遭遇暴力时人心理和身体行为的本能反应，以及在这种情况下人体能够做出何种动作。二是那些跟随没有实战经验的教练学习的学徒无法理解自卫格斗术训练不可能以一种没有痛苦的方式完成。若想了解某种技术，你必须让人先把这种技术实施到你身上，这样你才能切身体会到这种技术的效果，同时，你也必须在训练中把这种技术应用到别人身上，这样你才能了解这种技术是否实用。

②为了解决这个问题，是不是学习自卫术的人必须要找到一位在街头有打斗经历的教练学习呢?

当然你也可以向一位背景丰富、资质深厚但没有实战经验的人学习。但是，教练员必须有正直、诚实的品质。他必须明白街头暴力事件是如何发生的、肉体受到攻击会出现的反应以及这些反应是如何起作用的。问题在于，在武术界，学生一般都是被动地接受知识。他们一般对教练的话确信无疑并且不会向教练提出自己的疑问。

还有一个解决的方法就是学生们自己设法搞清真正的暴力冲突是一种什么情境。暴力事件的发生有多迅速以及在什么情况下发生等问题。同时，还要想明白人在巨大的精神压力下会产生什么样的反应等。

之后，学员就需要找到一位能够安排自己进行模拟仿真训练的教练。这样他才会拥有在压力下进行格斗的能力。之后，学生会真正懂得，什么技术是实用的，什么技术在压力下无法实施。

③对于自卫格斗而言，最重要的一点是什么呢？

在自卫格斗中，你需要明确在何种情形下才能出手打斗以及如何进行打斗。你可能平时将一种技法练得滚瓜烂熟，但是你在街头实战中这种技术却难以派上用场。这是因为街头暴力冲突的环境与你平时的训练环境不同。在街头自卫格斗时，你必须在压力下完成动作，同时，实战打斗对你的反应能力也提出了更高的要求。

④你认为人们在练习自卫格斗术时是不是在徒手技术上投入了太多的精力而在武器运用训练方面所投入的精力太少呢？

教练在向学员传授技能时要考虑到歹徒的实际能力。在我们这个法制社会里，学员可能会在实施格斗术失利以后回来找教练的麻烦。但事实上，教练只是负责将正确的技术教授给学员，而学员自己必须刻苦训练来提高技术的水平。即所谓“师傅引进门，修行在个人”。同时学生们还需要自己决定在何种状况下使用何种技术。如果他们的技术还难以在实战中发挥效力，我会要求他们花费大量的精力、时间进行训练以提高技术水平。

⑤听说许多军队教官会教授士兵解除武装分子武器的方法，而民间的教练却告诉学员：“把你的钱包交给对方”，是这样吗?

是的，但是顺便说一下，你确实应该将钱包交给武装的劫匪。如果一位手无寸铁的士兵在遇到持械的歹徒时，而歹徒的主要目标就是想要他的钱财的话，士兵也会放弃抵抗，交出自己的钱财。无论使用何种防身术，最重要的一点是以保全自己为中心。忘掉功夫片中那神乎其神的英雄形象，将钱包或物品交给武装劫匪是安全之上策，避免把一场抢劫演变成凶杀。然后走回家，向警察报告这一切。在日常生活中，人们不应该因为遇到抢劫就去冒险抵抗持有凶器的人，只有那些因为职责必须这样做的人才应该这样做，而普通人是没有这方面的职责的。问题是如果歹徒不仅仅是为了抢夺你的钱财，而你的生命也处于危险之中，那你只有为捍卫你的生命奋起反抗了。

⑥自卫术专家会携带什么样的武器来用于防身呢?

当然是合法的武器。用武器防身效果绝佳，但立法机构禁止一般居民使用具有杀伤力的进攻性武器。大多数的国家和地区政府也禁止公民个人手持各类手提式武器出现在公共场所，立法官员为了安全考虑也为了防止各种挑衅性进攻，他们一直在寻找一种危险性较小的武器让公民去抵制歹徒的攻击。令人头痛的是，大多数防身武器都被法庭认定为具有进攻性质。如果这些武器不是用来防身而是用来进攻，后果更不堪设想。现在很多人用辣椒喷雾剂进行防身，在身体遭到直接攻击时迅速掏出和熟练使用它。如果法律允许的话，棍棒也是不错的防身武器。人类最先学会使用的武器也是棍；在现实的打斗中，短棍也是最常用的防暴器具。

⑦随机武器的作用如何？人们应该如何学会使用这些日常生活中的物件来进行防身呢？

格斗中，谁手中持有武器谁就占据主动。这种武器不一定是刀枪棍棒。打斗场合，日常生活中各种物件都可以当作武器攻击歹徒。你可以用钥匙、铅笔戳击歹徒眼睛，你可以拿木梳划伤歹徒的面部，你可以将杂志卷起来像棍子一样攻击歹徒。事实上，武器有时就存在于你的内心。如果你仔细寻找，你会发现你生活中的武器到处都是。

⑧应该如何让学生具备这种心理能力呢？

你应该通过真实事例向学员说明这些方法是如何起作用的。然后你应该教他们一些必要的原则："如何运用杠杆原理、如何重创歹徒、如何将日常生活中的物件看做一件武器。"

⑨对于防卫格斗而言，哪种流派的武术效果最佳？

我认为菲律宾格斗术是最好的选择之一。因为这种格斗术实用性强，而且强调攻击速度。如果说到徒手自卫格斗术，卡乌·马格也不错，卡乌·马格现在已经成为一种绝佳的自卫术体系了。我也比较喜欢那些强调力量、爆发力和速度的空手道技术。还有一些朝鲜格斗术，这些格斗术其本源的技术都很实用的。但不幸的是，许多教练为了标新立异，加了很多华而不实的技巧。实际上，如果你分析任何一种格斗术体系，会发现它们都有很实用的技术。

⑩那些在综合格斗中作用明显的格斗术——泰拳、拳击、巴西柔术等能否应用于街头自卫格斗？

泰拳是威力强猛的搏技，因为这种格斗术包括了肘膝以及其他极具威力的技术。柔术包括有广泛的锁定、夹紧及勒绞技术。而拳击可训练学员的拳法打击技术与打击速度。尤其是直拳在街头打斗时应用频率最高。

⑪街头自卫格斗术与综合格斗术（简称 MMA）之间有什么区别与联系呢？

我希望 MMA 能够成为奥运会项目。MMA 的选手们的技术非常棒，他们是世界上技术最棒的格斗士。现在的 MMA 已经不是表演项目了，而是一项真正的格斗比赛。但街头自卫格斗术与 MMA 是两种不同的格斗体系。当然，MMA 对于自卫格斗而言并非毫无用处。MMA 训练所提供的技术是很实用的，而且这些技术在一定程度上可以转化为街头格斗技术。不过问题在于，街头自卫格斗术在很多时候都不仅仅包括踢打和缠斗技术。

另外，在真实的打斗环境中，打斗的地点可能会制约 MMA 技术的发挥。还有其他一些区别：规则、裁判、铃声以及回合制度等。街头打斗是一种粗野的、乱七八糟的情景，还掺杂着你能够想象得到的最污秽的语言。不会有裁判来救你，也没有规则可以限制。自卫格斗术的技术应用必须依据当时的实际情况而定。在实际训练中，教练员会向练习者讲解人类身体上哪些是容易受到攻击的部位，例如颈后、太阳穴、眼睛、喉咙、膝关节、腹股沟等。同时，在实战中这些部位是被自卫格斗术所鼓励的。在与暴徒拼搏时，可以用任何手段去攻击，而且还要充分利用身边的物品作为武器来搏杀。

街头格斗术所要教会你的是对付真实暴力冲突，而不是在围绳或者是电影里面进行打斗。自卫格斗所涉及的是真实的人和真实的事，其技术涵盖了 MMA 所有技术，同时还包括许多 MMA 以外的格斗技术。自卫格斗训练还会让你学会使用武器，对付持有器械的歹徒，对付多人围攻以及运用欺骗手段等。自卫格斗训练的另外一个功能就是可以让你具备克服恐惧的能力。对于自卫格斗而言，格斗的环境以及歹徒都是不可预知的。因此，在平时训练时你就要为这些无法预知的情况做好准备。为了帮助人们应付街头暴力，很多实用的自卫术应用了许多训练方法教授学员学会处理突发事件的本领。学会克服伤痛和突然遭受重创时、在体力消耗殆尽的情况下来发展技术。在某些情况下，训练用的照明灯会被关掉，学员们可能会受到一些随意的攻击，它会迫使防守者在毫无准备的情况下迅速做出反应并投入战斗。训练的地点可以在两辆汽车之间，也可以在楼梯上进行训练，或是在被模仿成小巷、夜总会或住宅附近的区域内进行。因为大部分攻击和打斗将在那里发生。

⑫普通市民能否从军队格斗术中寻求防身之法？

普通的自卫术爱好者对军事格斗技术非常向往，但世上根本没有所谓的“秘传”军用格斗技术。进行技术组合以及进行训练的方式倒是有多种多样。而军用技术中的“秘诀”是士兵所具有的体能以及特殊的武器装备。在一场军事战斗中所用的徒手格斗，与其作为一项体育运动来学习或练习，以便在街头打斗中保护自己的格斗是截然不同的。自卫技能的观念是：尽其所能，抵挡并排除对方的攻击，而不一定非得伤害攻击者。相比之下，军事上的格斗技能所能认定的目标，却是要使敌人的肌体受到伤害，而不必顾及这种伤害是否会剥夺敌人的性命。大多数情况下，杀掉敌人是军事上唯一最佳目标。普通市民可以借鉴军队格斗术，但在防身格斗时必须以法律为准绳。

⑬在自我防卫方面，精神层面的因素是不是和肉体层面的因素一样重要？

对于格斗而言，仅有10%的因素来自肉体方面，有90%因素来自精神方面。为了进行自卫必须增强自己的精神力量。

⑭是不是所有防卫专家都能提炼出实用的技术，为学生提供防卫格斗中所需要的那10%的因素，而学员只需在此基础上提高自己的精神力量就行了呢?

这种说法虽然听起来似乎太过简单，但事实上却是八九不离十。问题是：这些技术是否会被提炼出来以及被谁提炼出来。如果你选择的是一个练习了五六年太极拳、唐手道或跆拳道的人，而此人对自己所练的武术确信不疑的话，结果可能就是，他会推崇一些静态的诸如“挣脱搂抱”之类的技术。这是一个没有按照动态因素进行训练的最好例子。如果你被这种方式所袭击，攻击者不会像在段位测评中的同伴那样站在那里不动。他要么向前扭倒你，要么从后面把你撞倒在地。你需要根据当时的实际情况进行躲避，尽量使用你所知道的在该情况下应该采用的技术并留意它们是如何起作用的。正确的做法是进行动态训练，删除那些没有作用的技术，而只留下能够发挥作用的技术。这就是生死搏杀与运动技巧的区别。

⑮在自卫格斗中，是不是会有一些让人绝望的情况发生?在这种情况下，任何技术都无法挽救你的生命?

功夫不是万能的，在有些情况下无论你功夫多么高超，你也无法改变命运。现实中，赤手空拳的打斗根本不是电影中所表现的那些东西，功夫片中的英雄也只能在他们电影中那些精妙绝伦的打斗场面中获得生存。假如他们的电影是现实的，那么这些人最终不可能存活下来。为了避免陷入这种绝境，你要利用自己的潜意识感觉某种情境下的潜在危险，并做出消除危险的决定。只有你能够对于可能的危险有所预感，你才能够避免身陷其中。你是不是带了过多的现金穿行于劫匪经常出没的地方?你有没有事先准备武器防身?比如，当你在自动取款机提取大量现金后，被几个手持武器的劫匪攻击。他们可不是从地上冒出来的。那么当你准备取款时，他们身在何处？一般情况下，你都不会注意这些。如果你在暴力事件发生之前丧失了警惕性，那是极其危险的。

⑯想想那些专业的综合格斗士，他们能够在被对手击倒或者击晕的情况下苏醒后重新投入战斗并且打败对手吗？这些格斗士都在进行刻苦的训练，但是他们最多只能在 30％的时候做到这一点。那么普通人在遇到此种状况时又会怎么样呢？如果加上武器的话，情况会不会变得更糟糕？

即使是一个武术家也难以同时应付五个攻击者。如果在没有武器或者是其他外来帮助的情况下，一般人很难同时对付两个以上的攻击者。事实上，当你和一个歹徒打斗时，你或许能制服对手。但是当你一个人对付多人攻击时，如果没有武器，你就不能同时控制他们。一对多人关键是要训练以智取胜，强调逃避而不是抵抗。你需要做的是分散对手的注意力，为逃脱创造机会。如果打斗在所难免，我们要想方设法获取身边的物件当做武器攻击对手。如果我和你在某个地方打斗，你有功夫基础而且手持武器，我也会很麻烦。当遇到一个手持凶器且铁了心的要伤害你的歹徒时，不能冒险，而是应该竭尽全力获得优势。应该以最快的速度打败对手。在这种情况要不择手段地获取胜利，否则的话你可能会遭受重创甚至失去性命。

⑰如何以空手对付持刀、持枪的攻击者？

你可以对付持刀、持枪者的攻击，但是要做到这一点你需要超强的心理素质。一个人可能会手持匕首向我攻击，而且让我难以逃脱，我不太在意对方手里的匕首。因为我知道，我能够躲过其攻来的武器，并且以最快的速度进行还击，使对方的武器难以发挥效力。在被我的反击摧残之下，对方手中的匕首可能会被我打掉或致使其转身逃跑。这种技术就是武器解除技术。在与持有武器的对手打斗时并不一定要把对方的武器抢夺过来。如果你有机会从对方的攻击之下逃脱，你就应该迅速撤离。在许多类似的情况下，你能够做的选择就是逃脱、屈服于现实或用勒夹、摔投、击打等方式进行反击。你在格斗中摧毁了对方的斗志，格斗也就会随之而停止。当某个人持有凶器攻击你时，他一定认为自己已控制了局面，但是突然之间他就会被你的反击打得晕头转向。将对方打懵并将其武器夺下来后，应迅速撤离。因为即使在这种情况下你继续打斗，你也可能受到伤害或是失去性命。

⑱法律对于人们进行防卫训练以及在遇到暴力攻击时进行防卫格斗方面有什么规定吗?

无武装的搏斗应该是没有办法的最后办法。武力必须“有合理的理由”。法律允许人们做出合理的反应，以防自己受到进一步伤害。如果你先出手，那就可以被解释为以致命武器侵犯别人。假如你要首先使用攻击权，那你必须证明你受到了严重的伤害或者面临更糟糕的情形。如果警察发现你在没有受到威胁时，而在暴力事件发生之前事先携带了管制武器，你可能就会有麻烦了。也就是说，假如你平时喜欢携带非法武器，就不要再那样做了。

⑲如何评价现在格雷西家族的比赛技术?

现在巴西柔术的技术已经广为人知了。格雷西家族是很强大的人物。他们在综合格斗擂台上表现出很强的肉体和精神力量。尽管格雷西柔术包括拳脚击打的内容，但是，该方法的核心是贴身扭斗。格雷西柔术中的绞颈技术、锁臂和闩臂法较为实用。常常使他们处于不败之地。那么，人们怎样才能击败格雷西柔术呢?事实上，只有一个方法：成为柔术风格的专家。不过，网上有些人所讲的对付格雷西柔术的方法却是荒唐的。

什么“如果这样你应该实施踢技，如果那样你应该进行撞击”。说这话的人事实上是没有实战经验的、纸上谈兵的人。

⑳你看，有些 UFC 格斗士，从小在农场长大并且天生强壮。他们好像并不害怕你击中他们的面部或者用臂锁技术折断他们的手臂。那么你认为人的格斗能力多少是天生的，又有多少是后天训练得来的呢?

有些格斗士在农场里长期干活，因而他们的身体非常强壮。致使他们在格斗时有很强的承受能力与攻击能力。事实上长期干农活，也是锻炼体魄的一种方法。比如古泰拳锻炼体魄的手段很多是日常的劳动。有四项日常劳动是必须天天做的：望日、担水、舂米、劈柴。比如现在综合格斗擂台上最著名的斗士——俄罗斯“格斗沙皇”菲多，其在练习体魄时用一个大锤抡击汽车外胎，此项训练就是取材于日常的劳动。这项运动对于手掌、肩部、背脊的肌肉发展特别有助。可使其拳击力量大大增强。当然天生强壮的人，具有一定灵活性、协调性和平衡能力的人都是格斗的好苗子，但这种能力只是肉体方面的因素，并不代表精神方面的因素。

身体条件是能否成为格斗高手的重要条件之一，但并非绝对。在近代训练史上做出卓越贡献的尤金·山道，少年时代身体瘦弱不堪，但是经过对解剖学学习以及科学的训练，使他练就了超乎寻常的神力和具有良好的速度、敏捷性。人的天资禀赋有差别、体格有强弱，这是客观存在的，但自古到今很多天资差、体格弱的人成为搏击高手。重要的是要牢牢记住一句至理名言——勤能补拙。

㉑身体素质对于自卫格斗而言是不是最重要?

徒手格斗实际上是非常耗费体力的。如果你有意进行格斗术训练，那就要将体力训练放到一个很重要的位置。如果你的身体素质不好，就不能在打斗时做出有效的反击。一个体格孱弱的人是不能有效地进行防卫的。

㉒你是如何提高身体素质的？

发展实战训练和搏斗体力的最佳途径就是跑步。跑步能锻炼你顽强的意志和良好的身体耐受性。跑步的优点就是你能够随时随地进行训练。跑步时要变换速度——快慢交替进行，在长跑的中间进行冲刺跑训练。我也认为一些格斗术比如柔道、柔术、缠斗术，只要你进行长时间的训练，就能有效提高身体素质。

㉓有些人在连续进行20分钟或是30分钟的练习时，会觉得自己已经无法再坚持下去了，因为他们已经筋疲力尽。自卫术训练有没有这种耐力训练呢？

格斗训练还要发展心血管耐力。它能够使你在非常疲惫时，还仍然能保持运动。格斗术的耐力训练方法较多，发展耐力的训练除了上面所讲的跑步外，在练习时，你应该设想你正在超市的停车场进行自卫格斗，而你已经累得无法运用技术了。

㉔格斗士是不是应该放弃那些他们在竞技时无法长时间使用的技术？

不是的。再多的技术都不会多余。格斗士应该对这些技术进行浓缩。然后在施加紧张感和恐惧感的情景下进行练习并且使用这些技术。

㉕如果这些技术被保留了下来，应该如何进行训练以便在防卫格斗中有效运用？

要进行模拟仿真训练。在训练时，还要考虑冲突中的各种因素，包括空间的限制、具体的环境、不同类型的歹徒以及他们持有的武器。不要总是用一种你认为安全的姿势进行训练。

你可以让训练伙伴在你准备不足的时候突袭你。你可以在黑暗的巷子进行训练。你也可以在楼梯上进行训练。还可以把音乐开到最大声并且进行训练。不要相信所谓的点穴或者是其他想当然的绝招。你要准备使用一些令人厌恶的招式进行反击并且在有机会时迅速逃离现场。

㉖如果你已经拥有强壮的体格和正确的技术，耐力和力量是不是仍然重要？

你应该通过训练来获得格斗所需要的力量。当我还是个瘦弱的小孩时，前辈告诉我，我需要进行力量训练以适应格斗。我们只有通过体能训练使身体强壮起来。因为技术与实战应用之间有一道难以逾越的鸿沟，而实战训练的目的就是为了越过这道鸿沟。如果你经常在训练时使用扭斗、推拉、摔投技术对付歹徒，那么同样可以使你的力量增强。

㉗对于力量与体重的关系你是如何理解的呢？假如你体重57公斤，若你增加6.8公斤的肌肉的话，你的打斗能力会有所增强，那么如果你再增加6.8公斤肌肉的话，能否还会在格斗能力方面获得同样的提高呢？

也许就是这样，但以我所掌握的知识并不能让我回答出应该增加多少肌肉才对打斗最有利，以及力量、灵活性和速度的最佳组合是多少这样的问题。在人们的心里通常认为个高体壮的人都很笨拙，我想这种观点是片面的。当然，你可以通过提高速度来弥补力量上的不足。若这种方法不起作用，你还有另外的选择。比如，我教授了一个学员一年的格斗术，他的技术很娴熟但就是速度太慢，他的步法也不灵活。我给他提出的解决方法就是让他与歹徒打斗时尽量将歹徒拖入地面。后来，他很好地利用了自己的优势——地面击打能力及地面控锁能力——这样的做法就以试图提高击打速度的方法来弥补不足要好得多。

㉘此前，你曾说过世上的自卫格斗术根本没有什么秘笈，是这样吗?

是的，或许别的用词更加合适，而不是“秘笈”。自卫格斗的方法就是合理地进行训练并且有效地使用技术。此外，还包括如何应用你拥有的装备和技巧。那种所谓的“高级防卫技术”的说法只是哗众取宠而已。

第三节　格斗精神的修炼

汤姆·穆兹勒是一位非常全面的格斗士，他的事迹无论在格斗场上还是在格斗场外都是那么的充满传奇。在越战期间，他是战功赫赫的美国特种部队的战士，近些年来，他是技术全面的保镖，是好莱坞著名影视特技专家，是动作影星的动作教练，在大量的好莱坞影片中，他都有惊险刺激的替身表演。由于上述的种种角色。穆兹勒已经在美国人心中树立起了刚猛强悍的勇士形象。

穆兹勒还是一位空手道专家，他从事空手道的训练已经有30多年了。他的武艺可以说炉火纯青，在一次训练中，他曾一次完成了一万次击打动作并因此而名声大噪。21世纪初期，穆兹勒又当起了格斗教练，要向全世界推广一种格斗技术，这种格斗术的精华就是格斗精神。

1. 格斗精神的作用

日本最著名的武学家宫本武藏在其经典武术论著《五环全书》中说道：“人们在练习武术时，精神状态应保持和平常一样。与平常相比，练武时注意力应没有丝毫变化——大脑保持宁静、专注，既不紧张，也不慌乱。全神贯注，保持平衡，心绪放松，品味优雅的风度。”

在徒手格斗中，防卫者所拥有的最具杀伤力的武器就是他的大脑。他灵活的思维，在严酷的身心压力下毫无恐惧、慌张的反应能力是胜败的关键。格斗训练不仅仅是学会打斗的方法，更重要的是增强练习者的精神力量。而这些精神力量在对付非法暴力攻击时可以使你更有效地与歹徒打斗并将其制服。防卫者必须要开发自己的头脑。他必须毫无恐慌地于一瞬间作出反应，从而在格斗中挥洒自如。如果防卫者心理素质不过硬，实战搏击时就会六神无主，惊慌失措，使自己肌肉僵硬，那么，无论他的功夫如何高超也难以发挥出来，在实战中他只有挨揍的份。

“从前的日本武士们如果能够在格斗中打败歹徒，首要的先决条件便是：不怕死亡，能够正确看待自己的恐惧和焦虑。”穆兹勒说。

武士们战斗力超强的原因，除了他们自幼勤学苦练、功力笃纯以及实战经验相当丰富之外，他们临战时特殊的精神因素便是他们经常取胜的重要原因。此种精神因素在打斗场合能产生出强大的意志力量，即使是大敌当前也总是沉着冷静，无所畏惧，甚至视死如归。在他们的信念之中，打败歹徒是英雄的壮举、是崇高的荣誉。即使在打斗中死于非命，也可魂归净土，超生极乐世界。因此，在武士的心目中，打斗无道义可言，只有一个目标，即保存自己，击溃歹徒。穆兹勒说：“如果武士们缺乏自信，心神不定，在打斗时，他们就难以发挥自己最大的能量，不会发挥出最好的竞技水平，从而也很难打败对手。”

穆兹勒说：“拥有格斗精神的人可以是一般人，而不必非得是技艺精绝者。他们只是比平常人多了一份精气神，他们无所畏惧，勇敢顽强，忘却生死，费尽全力地格斗着，战斗着。”

2. 摆脱恐惧　建立自信

穆兹勒说：“与对手打斗的时候，即使他是一个技艺高超的格斗专家，你也不要恐惧，而要气定神闲、从容应对；他还告诉你：目光爆射对手的眼睛，就像怒视自己的大仇人那样。然后爆发内心愤怒之情，赐予自己力量与勇气。”

穆兹勒确信，格斗者必须首先摆脱自己的恐惧、厌战情绪，然后才能激发自己的斗志与激情。“与对手对峙时，无论你是攻击还是防御，还是防守反击，你都应该全身心地投入其中。”他说，“如果你害怕对手反击，如果你担心伤害或者你焦虑地想着：这个家伙名气很大。这个家伙练过功夫……此时，你将心慌意乱。你要赶紧消除这些胡思乱想，否则你就只有挨揍的份了。”

“所以，我认为格斗精神的要旨就在于忘却生死，”穆兹勒这样说，“怎样才能做到这一点？在格斗开始之前，你要像野兽般紧盯对手双眼，这时，你的精神中一种慑人的力量由眼睛里反映出来，神光暴射，目光击人，令歹徒胆战心惊。使对手受到很大的精神威胁。在你全神贯注的怒视下，对手只要稍一轻举妄动，你就会迅速作出反应，顷刻之间就会击溃他。胆怯、厌战、急燥，所有这些不良情绪顷刻间便消失殆尽了。”

抑制恐惧的关键是，把自己“置于死地而后生”，格斗时你的每一种技法都是倾尽全力发出来的。穆兹勒认为，刻苦的训练可以增加格斗者的自信心，如果武者已进行过徒手格斗训练，他就较未受过此类训练的对手更具心理优势。他相信，只要他刻苦训练过，他就能运用自己苦练的技法打败对手。这种自信可以抑制恐惧。也许这些技术本身或许一点都用不上，但若进行过刻苦的徒手格斗训练，这就会成为他头脑中无价的保障。穆兹勒说："首先为自己制订一套训练计划。当完成一个阶段的训练计划后，还可以重新再订新的指标。特别是在训练困难的时候更应把握住自己而坚决完成计划。不应出现拖延训练的现象，否则，难以培养出良好的心理意志品质。最后，如果训练成功，那么，无论对手是谁，他的水平如何，你都会无所畏惧，而且，这种大无畏的态度还会变成一种习惯，深植于你的内心。记住，平时你是如何训练的，格斗时你就会有怎样的表现。"

"在打斗时，你也许会尽量避免自己处于被打挨打境地，为自己的攻击力不强而发怒，也不愿意面对身强力壮、技艺高超的对手。这用一个流行的词汇形容就是不敢面对自己，你面临最强的对手是你本身。通常，在面对强大的对手时，你六神无主，毫无战斗力，问题就出在你自己身上。那是一种虚弱感和不安全感在作怪，这就造成了一种打斗能力的缺陷。这种缺陷结果又会滋生出踌躇不决和厌战的情绪，比如，当你登山时，面对着悬崖峭壁，会担心掉下去将会尸骨无存，结果，你就知难而退，无功而返了。相反，在攀登悬崖时，你要淡化危险。专心致志地爬山，不要让恐惧情绪影响你。不论爬山还是与敌打斗，我们都要抑制自己的恐惧情绪。抑制恐惧是建立自信心的另一个基础，它是打败对手的关键。"

3. 学习格斗精神

穆兹勒宣称：任何的武术爱好者——从初出茅庐的格斗新手到训练有素的格斗行家，都能掌握这种格斗精神，只不过各人表现形式各不相同罢了。

“当你努力培养格斗精神的时候，要注意的是：在打斗时，你应该和对手保持适当的距离，把攻击目标定在对手身体的要害部位。”穆兹勒说，“你可以使用一切可以使用的手段，但是切记：要全身心地投入战斗，疯狂地攻击对方。”

你在格斗中，出击凶狠毒辣，快猛凌厉，对手就没有喘息之机，防不胜防，无隙反击。穆兹勒做了个形象的比喻，这就好比一辆满载重物的货车突然全速向你冲来时，你就会吓得六神无主，惊慌失措，并且大脑一片空白，僵直地站立在那儿了。

领悟了格斗精神，将它根植于头脑中，这会增强格斗术修习者的信心，从而克服生活中的种种困难，穆兹勒说这就是他传授这种课程的原因，而且，对于格斗士来说，格斗精神训练是值得重视的。这种精神让练习格斗术的人发现，他们实际上要比自己想象中的还要强大。拥有了这种精神以后，他们的毅力、忍耐力和战斗力都大大增强了。